Walter Ellermann

Bildungsarbeit im Kindergarten erfolgreich planen

Sozialpädagogische Praxis –
Arbeitsbücher für die Ausbildung von Erzieherinnen

Band 6
Verhaltensprobleme erkennen, verstehen und behandeln

Band 5
Bildungsarbeit erfolgreich planen

Band 4
Beobachten und Beurteilen in Kindergarten, Hort und Heim

Band 3
Das sozialpädagogische Praktikum

Band 2
Wie Kinder kommunizieren

Band 1
Sozialpädagogische Arbeitsfelder im Überblick

Herausgegeben von Peter Thiesen

Walter Ellermann

Bildungsarbeit im Kindergarten erfolgreich planen

Beltz Verlag · Weinheim und Basel

Ihre Wünsche, Kritiken und Fragen richten Sie bitte an:
Beltz Verlag, Fachverlag Frühpädagogik
Werderstr. 10, 69469 Weinheim

ISBN 3-407-55888-0

Alle Rechte vorbehalten
© 2004 Beltz Verlag · Weinheim und Basel
1. Auflage 2004

05   06   07   08   5   4   3   2

Das Werk und seine Teile sind urheberrechtlich geschützt.
Jede Nutzung in anderen als den gesetzlich zugelassenen Fällen bedarf der vorherigen schriftlichen Einwilligung des Verlages. Hinweis zu § 52 a UrhG: Weder das Werk noch seine Teile dürfen ohne eine solche Einwilligung eingescannt und in ein Netzwerk eingestellt werden. Dies gilt auch für Intranets von Schulen und sonstigen Bildungseinrichtungen.

Lektorat: Richard Grübling, Weinheim
Herstellung: Anja Kuhne, Weinheim
Satz, Druck und Bindung: Druckhaus »Thomas Müntzer«,
Bad Langensalza
Umschlaggestaltung: glas ag, Seeheim-Jugenheim
Illustrationen: Katja Wehner, Leipzig
Titelfotografie: DOEHRINGs Fotografie, Lübeck
Printed in Germany

Weitere Informationen finden Sie im Internet unter
http://www.beltz.de

Inhalt

Vorwort des Herausgebers 7

1. Bildung im Kindergarten 9

1.1 Der Bildungsauftrag von Kindertagesstätten 9
1.1.1 Bildung als historischer Auftrag 9
1.1.2 Gesetzliche Grundlagen 15
1.1.3 Sozialpädagogik und Bildung..................................... 17

1.2 Kindgemäßes Lernen 20
1.2.1 Das Bild vom Kind 20
1.2.2 Was ist kindgemäß?.. 22
1.2.3 Freies Spiel und gezielte Angebote 25
 Arbeitshilfe: Beobachtungsbogen zum Spiel
 von Kindern.. 29

2. Didaktik der Bildungsarbeit im Kindergarten 31

2.1 Grundlagen einer Didaktik für den Kindergarten .. 31
2.1.1 Was ist Didaktik?... 31
2.1.2 Didaktische Prinzipien 33

2.2 Didaktische Ansätze.. 37
2.2.1 Der funktionsorientierte Ansatz................................. 38
2.2.2 Der lernbereichsorientierte Ansatz 40
2.2.3 Der situationsorientierte Ansatz 43
2.2.4 Fähigkeiten, Themen oder Situationen? 49

2.3	**Die didaktische Analyse**	51
2.3.1	Modell zur didaktischen Analyse	51
2.3.2	Der soziokulturelle Bezugsrahmen	53
2.3.3	Das einzelne Kind	53
2.3.4	Die Erzieherin	56
2.3.5	Die Gruppe	57
2.3.6	Institutionelle Voraussetzungen	63
2.3.7	Die Bedingungen der Arbeit überprüfen	64
2.3.8	Ziele setzen	65
2.3.9	Inhalte auswählen	68
2.3.10	Methoden entwickeln	74
2.3.11	Medien und Material bewusst einsetzen	80
2.3.12	Arbeitshilfe: Leitfragen zur didaktischen Analyse	84
2.4	**Geplante Aktivitäten**	88
2.4.1	Planung und Spontaneität	88
2.4.2	Die Einzelaktivität	89
2.4.3	Die Lerneinheit	102
2.4.4	Projekte mit Kindern	115
2.5	**Organisation und Kooperation**	119
2.5.1	Zeitplanung	119
2.5.2	Gestaltung der Räume	121
2.5.3	Struktur der Gruppen	125
2.5.4	Absprachen im Team	128
2.5.5	Zusammenarbeit mit Eltern	129
2.5.6	Nachbarschaftskultur	131

Literatur 135

Vorwort des Herausgebers

Innerhalb der Erziehungs- und Bildungsarbeit nimmt der Kindergarten eine wichtige Rolle ein. Sie ergibt sich aus der Besonderheit der Lebenssituation von Kindergartenkindern.

Der Kindergarten ist die erste Stufe unseres Bildungssystems. Lernen im Kindergarten unterscheidet sich traditionell von schulischen Lernformen: Es muss ganzheitlich und spielerisch sein. Vieles lernen Kinder im freien und angeleiteten Spiel. Wichtige Lernerfahrungen machen sie aber auch durch die gezielten Angebote der Erzieherin.

Bildung im Elementarbereich ist ein intentionaler Prozess, den es geschickt zu strukturieren gilt, damit Kinder auf kognitiver, emotionaler, sozialer und psychomotorischer Ebene wichtige Fähigkeiten und Fertigkeiten erlangen können.

Bei der Organisation von Lernprozessen spielt die didaktische Funktion der Erzieherin eine entscheidende Rolle. Für diese anspruchsvolle Aufgabe benötigt sie Orientierungs- und Arbeitshilfen, die ihr in diesem Buch reichlich geboten werden. Walter Ellermann vermittelt angehenden Erzieherinnen und Erziehern einen umfassenden Einblick in die theoretischen Grundlagen praktischer Arbeit mit Kindern. Die Leser erhalten konkrete Anregungen, wie sie dem Bildungsauftrag des Kindergartens besser gerecht werden können. Der Autor zeigt kindgerechte Lernformen auf, die in der Praxis gewachsen sind, sich dort bereits vielfach bewährt haben und geht anschaulich auf die unterschiedlichen didaktischen Ansätze in der Elementarerziehung ein. Einfache Planungsmodelle und Praxisbeispiele erleichtern die Durchführung gezielter Angebote und Beschäftigungen im Kindergarten. Die Erzieherin wird dabei nicht auf ein bestimmtes didaktisches Modell festgelegt, sondern bekommt Strukturierungshilfen, die ihr ein planvolles Vorgehen bei der praktischen Arbeit ermöglichen.

Schwerpunkt des Buches sind konkrete Hilfen für die Planung, die auch von den Ideen, Interessen und Bedürfnissen einzelner Kinder und der Gruppe getragen werden. Da Bildungsarbeit mit Kindern nicht nur vom Hier und Jetzt ausgeht, sondern auch Zukunftsaspekte zu berücksichtigen hat, wird die Verantwortung der Erzieherin bei der Festlegung von Zielen und der Auswahl von Inhalten besonders betont. Die Leser erhalten Planungshilfen an die Hand, die sie in die Lage versetzen, konkrete Einzelaktivitäten, Lerneinheiten und Projekte mit Kindern zu planen und erfolgreich durchzuführen. So wird das Buch zu einem unentbehrlichen »Werkzeugkasten« für den Unterricht im Lernbereich »Sozialpädagogische Theorie und Praxis«.

Peter Thiesen

1. Bildung im Kindergarten

1.1 Der Bildungsauftrag von Kindertagesstätten

1.1.1 Bildung als historischer Auftrag

Neue gesellschaftliche Entwicklungen haben Auswirkungen auf die Institutionen, die sich mit der Bildung der heranwachsenden Generation befassen. Angesichts der gegenwärtigen Herausforderungen (PISA-Studie, neue Medien, hoher Anteil schulunfähiger Kinder...) verbreitet sich die Auffassung, dass unser Bildungssystem große Anstrengungen unternehmen muss, um die nachwachsende Generation auf die hohen Anforderungen der Zukunft vorzubereiten.

Ähnlich wie in den 60er Jahren, in denen eine »Bildungskatastrophe« diagnostiziert wurde, beschränkt sich die *aktuelle Bildungsdebatte* nicht ausschließlich auf Schulen oder Hochschulen, sondern bezieht den vorschulischen Bereich ausdrücklich ein. Es sind die gesellschaftlichen Qualifikationsanforderungen an die nachwachsende Generation, die die Kleinkinderziehung ins Zentrum des öffentlichen Interesses rücken: Kinder werden als wichtige Ressource der Gesellschaft gesehen. Das Konzept lebenslangen Lernens soll auch für die Jüngsten gelten, sie sollen sich in unserer sich ständig wandelnden Gesellschaft behaupten können und auf den Umgang mit neuem Wissen und mit neuen Technologien vorbereitet werden. Hinzu kommt, dass der Kindergarten von immer mehr Menschen bewusst als *erste Stufe unseres Bildungssystems* wahrgenommen wird, seit allen Kindern grundsätzlich das Recht auf einen Kindergartenplatz zugestanden wurde.

Ursprung Fröbel

Öffentliche Kleinkinderziehung hatte immer auch eine gesellschaftliche Funktion. Im letzten Drittel des 18. Jahrhunderts und noch zu Beginn des 19. Jahrhunderts waren in vielen Städten Deutschlands *Kleinkinderschulen und Bewahranstalten* verbreitet. Mit ihnen wollte der Staat einer mit der zunehmenden Industrialisierung einhergehenden Verwahrlosung vieler Kinder entgegenwirken. Der Tagesablauf in den Kleinkinderschulen war durch einen Stundenplan gegliedert, schulmäßige Übungen und intensive religiöse Belehrungen in Verbindung mit einer taktbetonten, mechanischen Lernweise sollten die Kinder zu Fleiß, Gehorsam und Gottesfurcht erziehen.

In Abgrenzung zu diesen Bewahranstalten wurde eine der wichtigsten deutschen »Erfindungen« entwickelt: *Der Kindergarten*. Die seit 1840 von *Fröbel (1782–1852)* so bezeichnete Einrichtung war weder bloßer Aufbewahrungsort noch bloße Lehranstalt: Hier fand das Kind seinen ihm gemäßen Raum. Das Spiel wurde als die höchste Stufe der Kindesentwicklung angesehen. Nach Fröbel bildet sich das Kind im Spiel, hier äußern sich innere Kräfte des Menschen und gestalten Welt. Innerliches wird äußerlich, Äußerliches innerlich gemacht, für beides wird eine Einheit gefunden.

Erziehung gründete sich für Fröbel auf *Spiel, Kreativität und Arbeit*. In der Pflege des kindlichen Spiel- und Beschäftigungstriebes sah er die beste Möglichkeit, Reifungsprozesse zu fördern. Nach den Vorstellungen des Thüringers wurden im Kindergarten u.a. Beete für Gemüse und Getreide angelegt. Umfassendes Erziehungsziel war die »Einführung in das Natur- und Weltganze«. Der behutsame Umgang mit Pflanzen und Tieren sollte sich positiv auf den Umgang mit Menschen auswirken. Dem Erzieher riet Fröbel, dem Kind beobachtend, hegend und pflegend zur Seite zu stehen und sich den Gärtner als Vorbild zu nehmen.

Er entwickelte aus einfachen Formen Spielgaben, die ein ausgeklügeltes System aus Würfeln, Kugeln, Walzen, Linien, Punkten, Stäbchen, Tafeln u.a. bildeten. Die Welt sollte dem Kind in der aktiven Auseinandersetzung mit diesen Dingen symbolisch begegnen und begreifbar werden. Durch die Spielgaben erfuhr es die Grundgesetzlichkeiten der Welt. Mit ihrer Hilfe lernte es z. B. auf kindgemäße

Weise Abstraktes zu konkretisieren und von Konkretem zu abstrahieren. Damals wie heute eignet sich das Kind z. B. durch das Bauen mit Holzwürfeln mathematische und physikalische Zusammenhänge an.

Auch wenn viele der Spielgaben nicht mehr oder nur noch in abgewandelter Form in den Regalen der Kindergärten zu finden sind und sich nur noch wenige Erzieherinnen in ihrer Arbeit bewusst auf Fröbel beziehen, so haben doch viele seiner Grundideen dem Wandel der Zeiten standgehalten.

Der »gute alte« *Kindergarten* als Vormittagseinrichtung für 3- bis 6-Jährige führt allerdings nur noch eine Randexistenz. Veränderungen der Organisationsstrukturen, das heißt die Veränderung der Alterszusammensetzung der Gruppen, Erweiterung von Öffnungszeiten und zusätzliche Angebote haben seine Erscheinungsform radikal verändert. In der Folge dieser Entwicklungen wird auch der Begriff »Kindergarten«, der als Lehnwort in vielen Sprachen Eingang gefunden hat, immer mehr verdrängt. Die erweiterten Einrichtungen werden in korrektem Verwaltungsdeutsch als »Kindertagesstätten« und als »Betreuungs-« oder »Tageseinrichtungen für Kinder« bezeichnet.

Fröbels »revolutionäre« Ideen setzten zu seiner Zeit eine heftige Debatte um die neue Art der Kleinkindererziehung in Gang. Die Diskussion um die richtige Bildung für jüngere Kinder ist demnach so alt wie der Kindergarten selbst. Die Kernfragen dieser Bildungsdebatte sind bis heute gleich geblieben: Müssen Kinder überhaupt in Institutionen erzogen und gebildet werden? Wenn ja – welche Ziele sollte man damit verfolgen? Welche Inhalte und Themen sind sinnvoll? Welche Methoden sind angemessen? Soll das, was im Kinde werden will, zur Entfaltung gebracht werden oder sollen die Dinge von außen an das Kind herangetragen werden?

Was ist Bildung?

Im Deutschen wird zwischen *Bildung und Erziehung* unterschieden. Diese Unterscheidung ist eine Besonderheit unserer Sprache. Andere Sprachen, z. B. das Englische, kommen mit einem Begriff

(»Education«) aus. »Bildung« wird bei uns in Verbindung gebracht mit Wissenserwerb und geistiger Reife, »Erziehen« dagegen eher mit dem Einwirken auf die Einstellungen und das Verhalten eines Menschen.

Bildung spielt in der deutschen Geistesgeschichte traditionell eine große Rolle. Der klassische Bildungsgedanke betont in besonderem Maße die Einzigartigkeit des Menschen. *Wilhelm von Humboldt (1776–1835)* sah in der *Selbstbildung* die wesentliche Bestimmung des Menschen. Der Mensch wurde von ihm in seiner bildenden Tätigkeit, d. h. in seiner Auseinandersetzung mit der ihn umgebenden kulturellen Wertewelt gesehen, auch das Hineinwirken in die Welt diente seiner Ansicht nach in erster Linie der Selbstformung und Eigengestaltung.

Neuere Ansätze, *Bildungsprozesse* bei Menschen im Kindergartenalter zu beschreiben und zu erklären, greifen diese emanzipatorische Tradition auf: *Laewen* z. B. schlägt vor, Bildung als *Selbst-Tätigkeit* des Kindes zur *Aneignung von Welt* zu verstehen. Aneignung von Welt bedeutet, dass das Kind sich ein Bild von der Welt macht und zugleich ein Bild von sich selbst als einem Teil dieser Welt. Wichtig dabei ist, dass dieses Bild kein Abbild ist, wie etwa eine Fotografie, sondern eine Konstruktion des Kindes, vergleichbar mit einem immer komplexer werdenden Entwurf einer Theorie über die Welt und ihre Zusammenhänge. Kinder sind in diesem Sinne von Anfang an »Künstler, Forscher, Konstrukteure«. Das Kind gewinnt Umwelt und persönliche Wirklichkeit nur in handelnder Bewältigung, indem es eingreift und einwirkt.

Die genannten Vorstellungen gehen zu großen Teilen auf die Forschungen des Schweizer Entwicklungspsychologen *Jean Piagets* zurück. Lernen bedeutet für Piaget vor allem die stufenweise Entwicklung von Erkenntnisstrukturen. Erkenntnis, so behauptet Piaget, wird vom Individuum aktiv konstruiert – alles was Erwachsene dem Kind »beibringen« wollen, gerät daher schnell in Verdacht, das Kind daran zu hindern, die Dinge selbst zu entdecken.

Vor einer Überbetonung der Erkenntnisse Piagets, wie es tendenziell in Deutschland geschieht, sollte allerdings gewarnt werden: In anderen Ländern (z. B. in Schweden) werden andere entwicklungspsychologische Modelle stärker berücksichtigt. So sieht z. B. *Homburger-Erikson* das Verhalten des Kindes eher als ein Produkt des Beziehungsprozesses zwischen dem Kind und seinen Bezugspersonen. *Stern* verweist besonders auf die Bedeutung der positiven Verstärkung für die Entwicklung des Kindes. Praktiker betonen, dass Kinder in sehr unterschiedlichem Maße Anleitung benötigen. Einige Kinder müssen ausprobieren und selbst experimentieren, andere schauen lange zu und machen sich ein eigenes Bild. Einige versinken über längere Zeiträume in ihr Spiel, manche benötigen einen anregenden Pädagogen zur Aufrechterhaltung der Konzentration – ihre Lust am Lernen muss »geweckt« werden.

Allgemein wird Bildung nicht nur als Prozess, sondern auch als *Ziel* des selbstständigen und des erzieherisch unterstützten Lernens angesehen. Im 19. Jahrhundert wurde Bildung besonders von gehobeneren Schichten als Statussymbol betrachtet – Geisteswissenschaften, Kunst und Musik galten als Bildungsgüter, die der Sicherung der eigenen gesellschaftlichen Vormachtstellung dienten. Auch für viele Pädagogen war und ist Bildung gleichbedeutend mit dem *Erwerb und der Übernahme von »Bildungsgütern«* wie Sprache und Kulturtechniken. In der Gesellschaft wird Bildung als wichtige Voraussetzung zur Teilhabe an Kultur anerkannt. Auch in der aktuellen Diskussion über Notwendigkeit der Förderung von Bildungsprozessen im Kindergarten steht für viele Experten der Erwerb von gesellschaftlich relevanten Fähigkeiten im Mittelpunkt, dem Kind sollen im Bildungsprozess »Schlüsselkompetenzen« vermittelt werden.

Bildung und Lernen

Für die Entwicklung einer *Didaktik der Bildungsarbeit* im Kindergarten sind Prozesse der Selbstgestaltung und *Eigenaktivität* von besonderer Bedeutung. Diese Erkenntnis darf aber nicht zu einer Vernachlässigung der Prozesse führen, die durch die bewusste *Beeinflussung* durch andere ausgelöst werden. Bildungsprozesse sind soziale und kommunikative Prozesse zwischen Kindern und Erwachsenen.

Bei der Aneignung von Kenntnissen und bei der Entwicklung von Fertigkeiten geht es oft um *Lernprozesse*, an denen *Dritte* beteiligt sind. Ein Forscher benötigt von anderen vermittelte Kenntnisse, um zu forschen, ein Künstler erlernt bei anderen besondere Fertigkeiten, um sich ausdrücken zu können. Ein Kind im Kindergarten lernt mit Hilfe der Erzieherin sich die Schuhe selbst anzuziehen, um das naturnahe Gelände des Kindergartens zu erforschen, es braucht jemanden, der mit ihm den Umgang mit der Schere übt, um gemeinsam mit anderen Kindern eine phantasievolle Collage zu erstellen. Es benötigt das Vormachen durch andere und die Unterstützung von anderen. Ebenso benötigt es Hilfe bei den Anpassungsprozessen, die es bewältigen muss, um in der Gruppe leben zu können.

Bei der *Planung der Bildungsarbeit* im Kindergarten muss die systematische *Organisation von Lernprozessen* als pädagogische Aufgabe angenommen werden. Die Grundlage dafür ist ein entwicklungspsychologisch orientiertes Verhalten gegenüber den Kindern.

Bildung und Lernen im Kindergarten haben von je her einen besonderen Charakter, die pädagogischen Erfahrungen aus anderen Institutionen können nicht ohne weiteres auf die Arbeit mit jüngeren Kindern übertragen werden: Lern- und Arbeitsformen im Kindergarten unterscheiden sich von denen in der *Schule*, weisen aber auch Gemeinsamkeiten auf. Auch wenn es bisher kein einheitliches Bildungskonzept für den Kindergarten gibt, besteht unter den Vorschulpädagogen Konsens, dass Bildung im Kindergarten sich nicht in erster Linie über Wissenserwerb und die Herausbildung geistiger Fähigkeiten definiert. Bildung im Kindergarten soll die Gesamtheit kindlicher Lebensäußerungen erfassen und ist mit Erziehung und Pflege eng verknüpft.

In den siebziger Jahren gab es in Deutschland eine starke Tendenz zu schulischer Früherziehung in öffentlichen Kindergärten. Die negativen Erfahrungen mit den Frühleseprogrammen und Lerntrainings führte in der Folgezeit wieder zu einer verstärkten Orientierung am kindlichen Spiel. Die Anbindung 5-Jähriger an die Grundschule wurde abgelehnt. Der *eigene Bildungsauftrag des Kindergartens* erforderte ein spezifisches didaktisches und methodisches Vorgehen.

Die aktuelle Aufgabe des Kindergartens besteht darin, sich als erste Stufe des gesellschaftlichen Bildungssystems stärker zu profilieren. Dabei geht es nicht darum, schulische Lehrpläne auf die Kindergartenebene »herunterzuziehen«. In Kooperation mit den Grundschulen müssen die spezifischen Lernprozesse im Kindergarten auf kindgemäße Art organisiert werden. Dazu gehört auch, dass Grundlagen geschaffen werden für Fähigkeiten, die Kinder für einen erfolgreichen Start in der Grundschule benötigen. Das Halten eines Stiftes, Zeichnen und Malen, das Führen einer Schere, das Zuhören in der Gruppe, das Sprechen vor der Gruppe, das selbständige Ankleiden, ein altersgemäßer Wortschatz, Dinge nach gemeinsamen oder unterschiedlichen Merkmalen ordnen, offen sein für neue Erfahrungen und anderes mehr sind Basisqualifikationen, die nicht erst in der Schule erworben werden sollten. Die Einführung in Zeichensysteme wird dadurch nicht vorweggenommen.

1.1.2 Gesetzliche Grundlagen

Allgemeine Leitnorm ist das in der UN-Kinderrechtskonvention erklärte Recht eines jeden Kindes auf Bildung. Bereits 1970 hat der Deutsche Bildungsrat auf Bundesebene den eigenständigen Erziehungs-, Bildungs- und Betreuungsauftrag des Kindergartens festgeschrieben. Heute sind die Ziele und Aufgaben des Kindergartens im KJHG gesetzlich verankert:

§ 22 Grundsätze der Förderung von Kindern in Tageseinrichtungen

> (1) In Kindergärten, Horten und anderen Einrichtungen, in denen sich Kinder für einen Teil des Tages oder ganztags aufhalten (Tageseinrichtungen), soll die Entwicklung des Kindes zu einer eigenverantwortlichen und gemeinschaftsfähigen Persönlichkeit gefördert werden.
> (2) Die Aufgabe umfasst die Betreuung, Bildung und Erziehung des Kindes. Das Leistungsangebot soll sich pädagogisch und organisatorisch an den Bedürfnissen der Kinder und ihren Familien orientieren.
> (3) Bei der Wahrnehmung ihrer Aufgaben sollen die in den Einrichtungen tätigen Fachkräfte und anderen Mitarbeiter mit den Erziehungsberechtigten zum Wohl der Kinder zusammenarbeiten. Die Erziehungsberechtigten sind an den Entscheidungen in wesentlichen Angelegenheiten der Tageseinrichtung zu beteiligen.

Im Sozialgesetzbuch VIII, Kinder- und Jugedhilfe (KJHG) wird das Kind in seiner *Individualität* und als *Gemeinschaftswesen* gesehen. Diese Sichtweise entspricht der Grundannahme in der Pädagogik, dass ein Mensch in seiner Entwicklung *Personalisations- und Sozialisationshilfen* benötigt, um eine »eigenverantwortliche« und »gemeinschaftsfähige« Persönlichkeit zu werden. Stärker als in der Schule wird der familiäre Kontext der Kinder berücksichtigt. Als *familienergänzende und -unterstützende* Institution hat der Kindergarten seinen Auftrag in engem Kontakt mit den Eltern zu erfüllen.

Herausgestellt wird, dass Kindertageseinrichtungen neben der Betreuung der Kinder einen Erziehungs- und Bildungsauftrag zu erfüllen haben. Die Hervorhebung ist nötig, weil der Kindergarten in weiten Teilen der Öffentlichkeit immer noch als eine Betreuungseinrichtung gilt, durch die Eltern entlastet werden und durch die in erster Linie dafür gesorgt ist, dass die Kinder untergebracht sind und ihnen nichts passiert.

Das Bundesgesetz konkretisiert den *Bildungsauftrag* nicht weiter. Die Landesgesetze und Landesverordnungen geben unterschiedliche Auskünfte. Schleswig-Holstein betont z. B., dass in den Kindertagesstätten insbesondere die Fähigkeiten zu unterstützen sind, die die Kinder im täglichen Leben und im Zusammenleben benötigen, mit denen sie ihre Erfahrungen verarbeiten und Selbständigkeit gewinnen können. Ausdrücklich wird festgestellt, dass Kindertageseinrichtungen und Tagespflegestellen keine vorgezogenen schulischen Aufgaben übernehmen (Kindertagesstättengesetz Schleswig-Holstein, § 4–5). In anderen Bundesländern (z. B. in Bayern) gibt es Ansätze, Mindestanforderungen für Bildungs- und Erziehungsziele zu formulieren. Eine genauere Festsetzung von Bildungs- und Erziehungszielen wird bisher den Trägern überlassen, die vor dem Hintergrund ihrer jeweiligen Weltanschauung grobe Orientierungen geben.

In den Einrichtungen werden Erzieherinnen bisher nur wenig durch enge Vorgaben oder Verordnungen eingeengt. Sie stehen bei der Weiterentwicklung ihrer pädagogischen Konzeptionen vor der Aufgabe, selbst konkreter zu benennen, welche Bildungsziele oder Bildungsinhalte ihnen wichtig sind. Auch im Rahmen der Qualitätsentwicklung sind sie gefordert, Dinge zu benennen, mit denen Kinder während ihrer Kindergartenzeit in Berührung kommen. Welche Fähigkeiten sollen die Kinder durch ihre gezielte Bildungs- und Erziehungsarbeit langfristig entwickeln?

Abb. 1: Teamsitzung

1.1.3 Sozialpädagogik und Bildung

Erzieherinnen im Kindergarten sind keine Lehrer. Sie werden nicht an Lehrerinnenseminaren ausgebildet, sondern an Fachschulen für Sozialpädagogik oder an Berufsakademien.

Im internationalen Vergleich ist eine rein sozialpädagogisch ausgerichtete Vorschulerziehung die Ausnahme. In anderen europäischen Ländern werden Fachkräfte mit einer der Lehrerausbildung vergleichbaren Qualifikation eingesetzt. Kritiker wie *Elschenbroich,* die das bestehende System der Elementarerziehung in Frage stellen, werfen heutigen Erzieherinnen vor, Lernen und Bildung mit »Leistungsanspruch« gleichzusetzen. Um die Kindheit nicht vorschnell zu verschulen, entwürfen Erzieherinnen bevorzugt Rückzugsecken und geschützte Räume, statt den Kindern frühzeitig Begegnungen z. B. mit Wissenschaft und Kunst zu ermöglichen.

Die allgemeine gesellschaftliche *Funktion von Schule* ist die Qualifikation, die Sozialisation und auch die Selektion von Schülern. Die *Funktion von Sozialpädagogik* ist es, für einzelne oder für problembelastete Gruppen Hilfe anzubieten, ihnen bei der Bewältigung ihres Lebens zu helfen. Oder wie Alice Salomon es ausdrückte, »die Kunst des Lebens lehren«. Im Vergleich zu Schule und Ausbildung ist in sozialpädagogischen Erziehungsfeldern nicht eine gesellschaftlich festgelegte Leistungsanforderung, sondern ein Konflikt oder ein Problem Anlass für eine erzieherische Intervention. Es entspricht dem Selbstverständnis vieler Sozialpädagogen die Bedeutung des sozialen Lernens besonders zu betonen. Übertragen Erzieherinnen dieses Selbstverständnis unkritisch auf die Arbeit im Kindergarten, kann das dazu führen, dass andere wichtige Bereiche des Lernens vernachlässigt werden.

Historisch wurde der Kindergarten stark geprägt durch *reformpädagogische Ideen,* die sich gegen eine zu starke Beeinflussung des Kindes durch die Erwachsenen wenden. Vor diesem Hintergrund sehen manche Kindergartenerzieherinnen Schule als Institution mit einem hohen Grad an Fremdbestimmung an, schulisch geprägten Lernformen stehen sie kritisch gegenüber. Umgekehrt erscheinen Schulpädagogen Vorgehensweisen von Sozialpädagogen gelegentlich als zu unverbindlich und zu beliebig.

Eine sozialpädagogische Orientierung sollte nicht dazu führen, Formen *organisierten Lernens* bei der Arbeit mit Kindern auszublenden. Es gibt keinen sozialpädagogischen Grundsatz, nach dem Lernfreude, soziales Lernen, und Anstrengungsbereitschaft nicht miteinander vereinbar sind. Im Gegenteil: Sozialpädagogik bietet viele Anregungen für bereichernde Begegnungen zwischen Menschen.

Arbeiten Schulpädagoginnen und Erzieherinnen in der Praxis zusammen, z. B. bei der Vorbereitung von Kindergartenkindern auf den Eintritt in die Grundschule, werden gegenseitige Abgrenzungen auch schnell aufgehoben und als überflüssig erkannt. In der Arbeit vieler Erzieherinnen spielen beabsichtigte Lernprozesse eine wichtige Rolle, umgekehrt gibt im Lehreralltag eine Orientierung an Problemen der Schüler. Viele Lehrer haben einen »sozialpädagogischen« Anspruch, sie bevorzugen indirekte Lernformen, beziehen spielerische Anteile in hohem Maße ein, möchten Probleme ihrer Schüler ganzheitlich angehen und berücksichtigen deren sozialen und familiären Hintergrund. Die heutige Grundschule ist vom Anspruch her nicht mehr die Lehranstalt zum Transport von Nutz- und Brauchwissen, sondern ein auf Erziehung und allseitige Entfaltung ausgerichteter Lebens- und Lernort. Grundschullehrerinnen und Erzieherinnen haben bereits viele Gemeinsamkeiten, beiden geht es auf der Grundlage der altersspezifischen Möglichkeiten gleichermaßen um die Gesamtpersönlichkeit des Kindes und um das Wohl der gesamten Gruppe.

Auch auf der Ebene von Wissenschaft gibt es viele Berührungspunkte zwischen *Unterrichtsdidaktik und Sozialpädagogik.* Didaktische Planungsmodelle sind sowohl für sozialpädagogische Vorhaben als auch für die Planung von Unterricht wichtig. Die *Didaktik der sozialpädagogischen Arbeit* wird von ihren Vertretern zwar nicht als »Bildungslehre« verstanden, die umfassende und kritische Betrachtung des Arbeitsfeldes weist jedoch auch Gemeinsamkeiten mit der Analyse von Unterrichtssituationen auf.

Die Ausbildung von Erzieherinnen an den Fachschulen für Sozialpädagogik bewegt sich an der Schnittstelle von Sozialpädagogik und Didaktik. Die Auseinandersetzung mit didaktischen und methodischen Fragestellungen besitzt an den Ausbildungsstätten einen hohen Stellenwert. Bildungsprozesse im Kindergarten sind nicht weniger wichtig als Bildungsprozesse in der Grundschule. Unterschiedliche Ausbildungssysteme und die auffallend unterschiedliche Bezahlung für Erzieherinnen und Grundschullehrerinnen lassen sich daher langfristig kaum rechtfertigen.

Zusammenfassung

- Der Kindergarten ist die erste Stufe des Bildungssystems unserer Gesellschaft. In der auf Fröbel zurückgehenden Einrichtung sollen Kinder einen ihnen gemäßen Raum finden.

- Bildung umfasst traditionell sowohl Prozesse der Selbstbildung als auch das erzieherisch unterstützte Lernen. Für die Bildungsarbeit im Kindergarten sind beide Aspekte von Bedeutung. Die Planung der Bildungsarbeit bedeutet eine Auseinandersetzung mit der systematischen Organisation von Lernprozessen.

- Der im KJHG festgeschriebene eigene Bildungsauftrag des Kindergartens muss von den Erzieherinnen genauer gefüllt werden. Eine sozialpädagogische Orientierung und die Ausrichtung an didaktischen Planungsmodellen schließen einander nicht aus, sondern ergänzen sich.

1.2 Kindgemäßes Lernen

1.2.1 Das Bild vom Kind

Jede Bildungsarbeit enthält ausgesprochen oder unausgesprochen Annahmen über das Wesen des Kindes. Das Bild vom Kind beeinflusst die pädagogischen Theorien sowie das pädagogische Handeln:

Menschen sind auf Lernen angewiesen. Aus anthropologischer Sicht ist der Mensch im Vergleich zum Tier *offen* angelegt. Konkrete pädagogische Entscheidungen lassen sich nicht aus einer angenommen feststehenden menschlichen »Natur« ableiten. Unser Bindungs- und Beziehungsverhalten, unsere Kommunikationsfähigkeit, motorische Entwicklung, unsere Leistungsmotivation bilden sich in Abhängigkeit von den jeweiligen kulturellen Erwartungen heraus. Der Kindergarten ist ein Teil davon.

Die Erfahrungen, die das Kind in den ersten Jahren macht, prägen es in besonderem Maße. Der Einfluss der frühkindlichen Erfahrungen ist aber nicht als einzige Ursache unserer Erwachsenenpersönlichkeit verantwortlich zu machen. Wir wissen, dass Erbfaktoren und Erziehung unsere Persönlichkeit beeinflussen. Leider ist das Zusammenspiel von *Umwelt, Anlage und Selbstfaktoren* bisher weitgehend ungeklärt – wichtig für den pädagogischen Umgang mit Kindern ist die Annahme, dass ein Mensch grundsätzlich die Möglichkeit zur Entwicklung und zur Veränderung hat.

Erziehung und Bildung finden in einem Spannungsfeld statt, das durch die Pole *Führen und Wachsenlassen* gebildet wird. Das Kind ist kein Bauwerk, das es auf- und umzubauen gilt, bis es den Vorstellungen des Baumeisters entspricht, es reicht jedoch auch nicht aus, ausschließlich auf innere Wachstumskräfte zu vertrauen.

Kinder sind *Individualwesen*, sie sind *Sozialwesen* und sie sind *handelnde Wesen*. Selbsterfahrung (ich), Sozialerfahrung (wir) und Welterfahrung (das) bestimmen das Sein des Kindes. Bildung und Erziehung im Kindergarten unterstützen es darin, grundlegende Erfahrungen mit sich selbst, mit anderen, mit Dingen, mit der Natur und im Rahmen religiöser Erziehung vielleicht auch mit Spiritualität zu machen.

Kinder erfahren als *Sozial- und Individualwesen* durch Bildung und Erziehung *Techniken der Anpassung und der Abgrenzung*. Die soziale Lebensweise muss ebenso gelernt werden wie die individuelle Behauptung. Das Verlangen nach Zugehörigkeit (aufgenommen

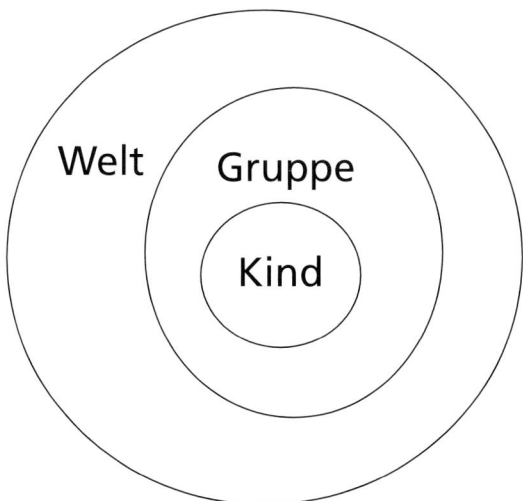

Abb. 2: Im Mittelpunkt der pädagogischen Arbeit steht das einzelne Kind

werden, nahe sein, gehalten werden, verbunden sein, Teil sein) und das Verlangen nach Verschiedenheit (selbständig sein, unabhängig sein, sein eigenes Einflussvermögen erleben, die eigenen Ziele bestimmen) sind Grundbedürfnisse des Menschen. Die Entwicklungsgeschichte stellt nach *Kegan* eine Abfolge von vorübergehenden Lösungen dar, bei denen die beiden Pole abwechselnd die Oberhand gewinnen. Bildungsarbeit im Kindergarten muss beiden Aspekten menschlicher Entwicklung Rechnung tragen und in diesem Sinne zur Selbstständigkeit führen.

In der Praxis entscheidet die Erzieherin immer wieder neu, in welcher Form dem Kind Freiräume gegeben werden. »Freiheit von anderen Menschen« ist in der Entwicklung des Menschen erst nach einer Vorstufe der »Bindung an andere Menschen« möglich. Sie räumt daher den Selbststeuerungskräften, der individuellen Lernfähigkeit und den individuellen Interessen Platz ein, unterstützt aber auch das Entwicklungsbedürfnis nach Bindung und Verbindlichkeit.

Kinder erleben sich der *Welt* gegenüber in wechselseitigem Kontakt, sie sind mit der Welt verbunden, setzen sich aber auch von ihr ab, meistens sind sie allerdings neuen Dingen gegenüber aufgeschlossen. Bei der Aneignung von Welt lernen Kinder *am Modell,* durch *Belehrung*, *Anleitung* oder *Förderung* und sie lernen durch *Selbststeuerung*, d.h. durch die selbstständige Auseinandersetzung mit Dingen oder Lebewesen.

Freiheit, Phantasie, Kreativität und Selbstausdruck sind von vitaler Bedeutung für das Kind. Aber nicht *jede* Tätigkeit und Aktivität ist geeignet, bildungsrelevate Erfahrungen zu vermitteln. Die Erwachsenen sind im Bildungs- und Erziehungsprozess die wichtigsten Repräsentanten der Außenwelt, sie sind die Quelle für wichtige Informationen und sie sind Führung für das Kind. Diese Aufgabe gilt es anzunehmen und verantwortungsvoll zu gestalten.

1.2.2 Was ist kindgemäß?

Die Angst vor einer Überforderung der Kinder, vor einem »zu viel – zu schnell – zu schwer« führt im Allgemeinen zu der Forderung nach »kindgemäßen Lernformen«. Was aber ist kindgemäß?

Kindheit ist ein selbstständiger Lebensabschnitt mit spezifischen Formen, Inhalten und Entwicklungen. Dieser Lebensabschnitt, der in der europäischen Geschichte nicht immer als eigenständige Lebensphase betrachtet wurde, soll angemessen behandelt werden, das Kind soll so gesehen werden, wie es seiner *Entwicklung* nach ist, denn es kann nur der richtig erwachsen werden, der ganz Kind sein durfte.

Es kann bei der Arbeit im Kindergarten nicht darum gehen, den Kindergarten zu entinstitutionalisieren und eine von Erwachsenen unbeeinflusste Sphäre zu schaffen. Man würde dadurch erneut der alten romantischen Idee verfallen, eine vermeintlich »naturwüchsige« Kindheit wieder zurückbringen zu können. Das pädagogische Wissen über Wahrnehmungs-, Aneignungs- und Tätigkeitsmuster wird im Kindergarten planmäßig genutzt, um eigene Kinderwelten zu gestalten. Bildungsarbeit leistet in diesem Rahmen einen wesentlichen Beitrag dazu, Kindheit als ein besonderes Erbe zu bewahren.

Die Gegenwart und die Zukunft des Kindes sehen

Akzeptiert man, dass Kindheit um ihrer selbst willen da ist und nicht allein als Vorstufe zum Erwachsen werden gesehen werden darf, führt das nicht zu der Konsequenz, sich nur auf die *Gegenwart* der Kinder einzulassen und die Eigengesetzlichkeit des Kindes zu verabsolutieren. Eine solche Orientierung mündet in letzter Konsequenz zu einer undynamischen Pädagogik – das Kind wird nicht über den Status quo hinausgeführt.

Kindgemäß handeln, heißt das Kind sowohl in seiner Gegenwart als auch in seiner *Zukunft* zu sehen. Zur Förderung eines Kindes muss danach gefragt werden, welche Wurzeln in der Kindheit zur Bewältigung der Zukunft angelegt sein müssen. Diese Grundhaltung bedeutet das unbedingte Eingehen auf das Kind einerseits, andererseits aber auch die Verantwortung gegenüber den Gehalten und Zielen, zu denen das Kind hin erzogen und gebildet werden soll. Erst der Zukunftsbezug »bildet« die Kinder. Es gilt der reformpädagogische Grundsatz, dass das Verhältnis der Erzieherin zum Kind doppelt bestimmt sein sollte, von der Liebe zum Kind in seiner

Wirklichkeit und von der Liebe zu seinem Ziel. Wenn ich im anderen nur sehe, was er ist, wird er bleiben, wie er immer war.

Zukunftsbezug wird nicht allein hergestellt durch die Anforderungen, die die Gesellschaft an das Verhalten und die Fähigkeiten von Kindern richtet. Wesentlich sind die Träume und Wünsche jedes einzelnen Kindes. Damit der Traum wahr werden kann, braucht das Kind einen Menschen, der mit ihm an diesen Traum glaubt und der es bei der Realisierung des Traumes unterstützt.

Ganzheitliches und spielerisches Lernen

Streitpunkt unter Vorschulpädagogen ist immer wieder die Bedeutung einer *kognitiven* Förderung im Kindergarten. Während manche vor zuviel Wissensvermittlung im Kindergarten warnen, betonen andere, dass die Fähigkeit von Kindergartenkindern zu formalem Denken wahrscheinlich höher ist als bisher angenommen wurde.

Wir wissen, dass ein 5-jähriges Kind z. B. nur bedingt in der Lage ist, Oberbegriffe zu bilden. Formale Hypothesenbildung und das damit verbundene höhere Abstraktionsvermögen sind erst dem älteren Schulkind möglich. Andererseits geht es auch im Kindergarten um Wissen: Wenn 3-Jährige mit Farben experimentieren, lernen sie unter Anleitung die Grundfarben rot, blau und gelb richtig zu bezeichnen. Vielleicht finden sie selbst heraus, dass man andere Farben auch durch Mischen gewinnen kann. Ähnlichkeiten von Mustern entdecken, Abfolgen oder Proportionen vergleichen, einfache Ursache-Wirkungszusammenhänge entdecken sollte auch zum Erleben jüngerer Kinder gehören. Viele neu erlernte Wörter sind Ausdruck von Abstraktion.

Begriffsbildungen, das Anregen von Denkprozessen und erste Kategorienbildungen sind jedoch nur *ein* Aspekt des Lernens im Kindergarten: Sinnliche, motorische, emotionale, soziale, moralische und ästhetische Aspekte sind von gleicher Wichtigkeit. Kindgemäßes Lernen ist in ganz besonderer Weise *ganzheitliches Lernen*.

Das Besondere des kindlichen Lernens ist das Besondere des menschlichen Lernens: Die *Sinneseindrücke* bilden die Grundlage für alles Erkennen. Das Kind bildet sich an der Wirklichkeit – sie bringt die schöpferische Kraft hervor, lässt erfinden, entdecken und weckt immer wieder die Lust auf Neues.

Die verschiedenen Realitätsebenen, die Erwachsene erleben – Vorstellung, Fantasie und Alltagswirklichkeit – bilden für Kinder eine Einheit. Das Kind erlebt diese Einheit vor allem im Spiel. Es kann im Spiel aktiv sein, sich mit konkreten Dingen befassen und autonom entscheiden – *spielerisches Lernen* ist daher immer kindgemäßes Lernen.

4- bis 5-jährige Kinder haben noch ein sehr großes Spielbedürfnis. Sie lassen sich schneller als ältere Kinder von neuen Anregungen ablenken und vergessen leicht, was sie noch kurz zuvor tun wollten. Die Qualität und Quantität ihrer Spielzeit wirkt sich auf ihre spätere Denkfähigkeit aus, Entscheidungsfähigkeit und ihre Fähigkeit, mit schwierigen Situationen fertig zu werden.

6-Jährige haben dagegen bereits eine höhere Aufnahmebereitschaft, sie sind oft dankbar für neue Anregungen durch die Erzieherin. Auf der sozialen Ebene können sie in der Kindergartengruppe wichtige Funktionen ausüben. Sie helfen kleineren Kindern beim Ankleiden, übernehmen verlässlich Aufgaben, können bereits kleinere Meinungsverschiedenheiten klären und gemeinsamen Spielen eine größere Kontinuität geben. Sie entwickeln im Umgang mit den Jüngeren viele Fähigkeiten, gewinnen Mut, Selbstvertrauen und Hilfsbereitschaft, auf dieser Grundlage werden sie »schulreif« und können in der Schule wieder als »Kleine« beginnen.

1.2.3 Freies Spiel und gezielte Angebote

Die ersten Kindergärten in Deutschland besuchten die Kinder für 3 bis 4 Stunden am Tage, das freie Spiel mit den von Fröbel angeregten Materialien wechselte mit angeleiteten Spielen, Liedern oder anderen Anregungen durch die pädagogisch besonders ausgebildeten Erwachsenen. Bis heute bestimmt der grundlegende Wechsel von Freispielphasen und angeleitetem Tun den Tagesablauf in den meisten Kindergärten.

Kinder bringen die Fähigkeit mit, sich selbstverständlich und mit grenzenlosem Vertrauen ganz und gar einem Erlebnis oder einem Tun hinzugeben. Im *Freispiel* wählen die Kinder eigenständig innerhalb eines vorgegebenen Rahmens den Spielort, den Spielpartner, das Spiel- und Gestaltungsmaterial. Spielverlauf, Zeitraum und Intensität des Spiels werden selbst bestimmt. Das Kind kann seinen Impulsen folgen. Es gestaltet Gegenstände, stellt Personen dar oder spielt Tiere nach. Es tut Dinge, die ihm Spaß machen oder lässt Dinge, die ihm nicht gefallen. Es kann Vorgänge so häufig wiederholen wie es möchte, es kann auch aufhören und anderes beginnen. Indirekte Aufforderungen (»Möchtest du...«) werden nur in Ausnahmefällen an die Kinder gerichtet. Im Freispiel sollten Kinder ihren Einfällen und Ideen nachgehen können, ohne dass die Erzieherin eingreift. Die Erzieherin kann von den Kindern in das Spiel einbezogen werden.

Die erzieherische Einflussnahme erfolgt während des Freispieles indirekt: durch die räumliche Gestaltung, durch die Vorauswahl und das Bereitstellen des Spielmaterials, durch die Festsetzung des zeitlichen Rahmens. Die Erzieherin nimmt sich während dieser Zeit bewusst zurück, beobachtet, gibt eventuell neuen Kindern in der Gruppe Entscheidungshilfen. Sie achtet darauf, dass sich eine »Gruppenkultur« entwickelt, die weniger durch die Einhaltung fixer Regeln als vielmehr durch einen achtsamen Umgang miteinander geprägt wird. Von besonderer Bedeutung sind Prozesse der Selbstregulierung, das heißt, die Erzieherin ermöglicht es den Kindern, eigene Formen des Umgangs miteinander zu finden, sich gegenseitig auf Störungen aufmerksam zu machen und Konflikte selbst zu lösen. Gerade in diesem Bereich ist die Arbeit der Erzieherin für Außenstehende nicht immer sofort erkennbar. Aber auch indirekte Methoden wie die Vorbereitung von Räumen und das Bereitstellen von Materialien sind Teil der didaktisch-methodischen Planung und wegen ihrer Zielgerichtetheit pädagogisch zu begründen.

Bei *gezielten Angeboten* werden zuvor festgelegte Inhalte methodisch aufbereitet, indem Arbeitsphasen und Medieneinsatz festgelegt werden, um bestimmte Ziele zu verfolgen. Diese Art von Angebot, das die Erzieherin einer Teilgruppe oder der Gesamtgruppe macht, wird unterschiedlich bezeichnet: »Beschäftigung«, »Informationsangebot«, »Lernangebot«, »Arrangement«, »Gelenkte Aktivität« oder in deutsch-schweizerischen Kindergärten auch »Lektion«. Die Begriffe werden häufig nur mit einem gewissen Unbehagen benutzt:

»Beschäftigung« suggeriert, dass Kinder von anderen unerwünschten Tätigkeiten abgelenkt werden müssen, »Lernangebot« und »Lektion« geben den Angeboten einen starken Beigeschmack von schulischem Lernen, »Arrangement« vernachlässigt die direkten Anteile. »Angebot« oder »Vorhaben« klingen recht unverbindlich, »Gelenkte oder organisierte Aktivität« lässt eine unzulässige Einengung kindlicher Spontaneität befürchten.

Die Unsicherheit, eine treffende Bezeichnung für gesteuerte Lernprozesse im Kindergarten zu finden, spiegelt eine Unsicherheit der Sache gegenüber wider: Mache ich Kinder nicht zum Objekt und zum Konsumenten gut gemeinter pädagogischer Ideen, wenn ich ihnen etwas »biete«?

Werden gezielte Angebote grundsätzlich in Frage gestellt, führt das nicht selten zu einer Aufwertung des Freispiels: Manche Erzieherin hält es für sinnvoller, auf organisierte Aktivitäten weitgehend zu verzichten und das professionelle Freispiel möglichst weit auszudehnen. Ein solcher *Freispielkindergarten* ermöglicht ebenfalls ein pädagogisches Verständnis der eigenen Arbeit: Im Mittelpunkt steht die Arbeit mit dem einzelnen Kind oder mehr oder weniger spontane Aktionen mit Teilgruppen. In einem reinen Freispielkindergarten ist es nicht notwendig, Teilgruppen oder die Kinder zur Teilnahme an bestimmten Angeboten zu motivieren. Der Wunsch vieler Erzieherinnen, sich in der praktischen Arbeit möglichst zurückzunehmen und den Kindern ein selbstbestimmtes Lernen zu ermöglichen fördert diese Einstellung.

Für eine Bildungsarbeit, die den Anspruch hat, das einzelne Kind gezielt zu fördern und Gruppenprozesse bewusst zu beeinflussen, sind *angeleitete Aktivitäten* jedoch *unverzichtbar*. Gezielte Angebote sind nicht erst dann nötig, wenn Fehlentwicklungen diagnostiziert werden, durch regelmäßige Angebote tragen Erzieherinnen dazu bei, dass Kinder ihre bereits vorhandenen Fähigkeiten weiterentwickeln und anwenden. Selbstverständlich sollten die Formen direkter Einflussnahme insgesamt nachrangig gegenüber den vielfältigen Formen indirekter Einwirkung sein. Sie sollten etwa 10–20% der täglichen Arbeitszeit in der Gruppe ausmachen.

Durch den *Wechsel von direkten und indirekten Formen*, durch den Wechsel von Freispiel und Angebot, wird der Kindergartenalltag besonders lebendig. Selbsttätige Erkundung und Entdeckung und von außen herangetragene Anregung stehen in einem dialektischen Spannungsverhältnis zueinander.

Angebote sollen keine pädagogischen »Häppchen« sein, sie sollten in *erfahrbare Sinnzusammenhänge* und größere *didaktische Einheiten* eingebettet sein. Für die Kinder werden dadurch über das einzelne Angebot hinausgehende Sinnzusammenhänge erkennbar. Dies ist besonders dann der Fall, wenn das Angebot einen Bezug zum freien Spiel der Kinder hat, d.h. wenn es aus Beobachtungen hervorgeht, die während des freien Spielens gemacht wurden oder wenn es neue Impulse für das freie Spiel geben kann.

Von der Wahrnehmungsoffenheit und Beobachtungsfähigkeit der Erzieherin hängt es ab, genauer festzustellen, welche Verhaltensweisen Kinder im Spiel, bei Aufgaben, gegenüber anderen Kindern oder gegenüber der Erzieherin zeigen und welche Rückschlüsse sich daraus für die pädagogische Arbeit ergeben.

Zusammenfassung

Bildung und Erziehung im Kindergarten ermöglichen dem Kind Selbsterfahrung, Sozialerfahrung und Welterfahrung. Kindgemäßes Lernen ist *ganzheitliches* und *spielerisches* Lernen. Es umfasst sinnliche, motorische, emotionale, soziale, moralische und ästhetische Aspekte. Selbsttätiges Erkunden und Anregung von außen stehen in einem dialektischen Spannungsverhältnis zueinander. Das Kind benötigt freies Spiel und gezielte Angebote.

Arbeitshilfe: Beobachtungsbogen zum Spiel von Kindern

Der folgende Beobachtungsbogen geht von den Eigenaktivitäten der Kinder im Freispiel aus, die diese beim Spiel entfalten. Durch die Beobachtung ergeben sich wichtige Hinweise für eine veränderte Organisation des Freispiels oder für sinnvolle Angebote, die die Ideen der Kinder berücksichtigen.

Name des Kindes: ....
Datum: ....
Zeit, Beobachtungsdauer: ....

Ist-Zustand einer Situation
Mit wem spielt das Kind? ....
Wo spielt das Kind? ....
Womit spielt das Kind? ....
....
....
Wo stößt es auf Schwierigkeiten? ....
(im Umgang mit Material, ...
im feinmotorischen Bereich, ...
im Umgang mit anderen Kindern) ....
....
Woran zeigt es besonderesInteresse? ....
....
....
....
Welche sprachlichen Äußerungen lassen sich beobachten? ....
....
....
....
Wie lange beschäftigt es sich? ....
....
....
....
Beteiligen sich andere Kinder? Wie? ....
....
....
....
....
....
....
....

Leitfragen zur Auswertung der Beobachtungen:

Versucht das Kind Ideen umzusetzen? ....

Verfolgt es diese Ideen? ....

Braucht es Hilfe bei der weiteren Verfolgung/Umsetzung seiner Ideen?
....

Lässt es sich leicht ablenken? Lässt es sich unterstützen? ....

Gibt es auf? ....

Welche Auswirkungen hat das Material auf das Spiel?
(anregend, unterstützend, hemmend?) ....

In welchen Bereichen ist Hilfe, Anregung notwendig? ....

Ist eine Veränderung des Spielortes notwendig? ....

Sollten Spielgruppen in ihrer Zusammensetzung belassen werden?
....

Gibt es Hinweise auf Themen, die sich im Spiel herausgebildet haben und die weiter verfolgt werden sollten? ....

2. Didaktik der Bildungsarbeit im Kindergarten

2.1 Grundlagen einer Didaktik für den Kindergarten

2.1.1 Was ist Didaktik?

Ebenso wie in anderen Institutionen, in denen Bildung eine wichtige Rolle spielt, benötigt der Kindergarten eine *didaktische Orientierung*. Es geht dabei vor allem um die Frage, wie der Bildungsprozess der Kinder organisiert werden kann. Hier setzt didaktisches Denken an: Das *Lehren und Lernen* wird systematisch einer Reflexion unterzogen. Faktoren, die an Bildungs- und Lernprozessen beteiligt sind, werden beschrieben und analysiert (Didaktik im weiteren Sinne).

Geht man davon aus, dass es im Kindergarten um das begründete Strukturieren ausgewählter Lernsituationen geht, lassen sich daraus zwei Fragestellungen ableiten:

- Welches sollen die Intentionen (Absichten, Ziele) und die Themen des Lernprozesses sein? (Didaktik im engeren Sinne)
- Mit Hilfe welcher Verfahren und Medien bzw. Materialien und auf welche Art und Weise können die begründet ausgewählten Themen mit den ihnen impliziten Intentionen dem Lernenden zugänglich gemacht werden? (Methodik)

Die Erzieherin ist eine *Expertin für die Organisation von Lernprozessen*, das heißt, sie gibt absichtsvoll, bewusst und zielorientiert Lernhilfen und strukturiert ausgewählte Lernsituationen. Ihre Kompetenz geht dabei über die Technik einer methodisch geschickten Vermittlung irgendwelcher Lerninhalte hinaus (Erzieherin als *Methodikerin*), da sie vor dem Hintergrund der Wertvorstellungen des Trägers

Inhalte selbst verantworten, erklären und begründen muss (Erzieherin als *Didaktikerin*).

Ihre Aufgabe besteht darin, unter Berücksichtigung der Lernfähigkeit des zu bildenden Kindes, Dinge, einfache Vorgänge und Zusammenhänge in verständlicher Form zugänglich zu machen. Nicht das Tradieren vorgegebener Sachverhalte steht im Vordergrund, sondern das Erschließen von Sachen und Prozessen, die ohne erzieherische Unterstützung für das Kind nicht erschließbar wären.

Didaktische Konzepte stehen nicht für sich allein, sie stehen immer unter dem Einfluss eines Weltbildes oder von pädagogischen Leitvorstellungen. Didaktik benötigt daher die Ergänzung durch *Pädagogik*, das heißt, die Bildungsarbeit mit Kindern setzt eine bewusste Auseinandersetzung mit dem zugrunde liegenden Menschenbild und mit Werten und Normen voraus. Erst vor diesem Hintergrund wird der kontinuierliche Prozess sichtbar, der die Gesamtpersönlichkeit des Kindes und die Weiterentwicklung der Gruppe zum Ziel hat.

Wer diesen Prozess auf sich nimmt, begibt sich in den ständigen *Kreislauf didaktischer Reflexion*:

- Die Basis für das didaktische und pädagogische Handeln ist die *Analyse* der Ausgangssituation.
- Auf der Grundlage der Analyse erfolgt die *Planung* der Arbeit.
- Das *Handeln*, das daraufhin folgt, ist nicht einfach eine Umsetzung der Planung, sondern zugleich die Auseinandersetzung mit dem Nichtplanbaren: Die praktische Durchführung bietet die Möglichkeit neuer Beobachtungen und Erfahrungen.
- Die *Auswertung* des Geschehens ist wesentlicher Bestandteil des gesamten Prozesses, denn erst die Reflexion kann zeigen, ob die anfänglichen Überlegungen richtig waren. Die Ergebnisse der Auswertung lassen eine Situation häufig in einem neuen Licht erscheinen: Der Prozess der Analyse beginnt erneut und setzt weitere Planungsüberlegungen in Gang.

2.1.2 Didaktische Prinzipien

Jedes Vorgehen im Kindergarten muss auf das einzelne Kind, die Gruppe und die spezifische Situation zugeschnitten werden. Trotzdem beginnt eine Erzieherin nicht jeden Tag neu, sondern sie greift auf Techniken und Fertigkeiten zurück, die sie im Laufe ihres Berufslebens entwickelt hat, um Lernvorgänge bei den Kindern zu unterstützen. Schaut man genauer hin, lassen sich allgemeine Regeln erkennen, die fachlich begründet sind, sie werden auch als »*didaktische Prinzipien*« bezeichnet.

Anschauung

Anschauung wird oft mit Sehen gleichgesetzt. Als didaktisches Prinzip ist Anschauung jedoch weit mehr als das: Das anschauliche Denken, das Denken in Bildern, gilt als Vorstufe des späteren formalen oder abstrakten Denkens. Das Kindergartenkind ist auf sinnliche Erfahrungen angewiesen, um grundsätzliche und konstante Eigenschaften der Umwelt im Gehirn in relativ dauerhaften Mustern synaptischer Verbindungen zu speichern.

Der Herbst z. B. lässt sich sehen, hören, fühlen, schmecken und riechen. Werden Gegenstände und Lebendiges in der Natur direkt erfahrbar gemacht, so entstehen innere Bilder und Vorstellungen, die dem Wort »Herbst« erst seine Bedeutung geben. Wahrgenommene Bilder werden so zu Bedeutungsträgern.

Durch Impulse wie »Sieh einmal genau hin!« oder »Schau dir nur dieses Blatt an!« kann die Erzieherin die Aufmerksamkeit des Kindes auf Verfärbungen richten und so auf Besonderes und Wesentliches lenken. Ist es nicht möglich, am Gegenstand selbst oder in der Natur Anschauung zu gewinnen, kann die Erzieherin auf *Anschauungsmittel* wie Bilder, Zeichnungen oder Modelle zurückgreifen. Der Text eines Kinderliedes wird z. B. durch bildliche Unterstützung besser verständlich.

Aktivität

Kindliches Lernen ist Lernen durch Tun. Lernen ist eine höchst aktive Tätigkeit, bei der neue Erfahrungen in das bisherige Erkenntnissystem integriert werden. Das Kind muss die Dinge ausprobieren, mit ihnen spielen und experimentieren. Beim Binden einer Schleife will es z. B. die ersten Schritte gleich mittun. Um den Wind zu verstehen bedarf es keiner abstrakten Definition von Wind, sondern es muss wie der Wind sausen dürfen, Tücher im Wind flattern lassen können, Windräder bauen usw. Bei der Sorge für die eigene Person (z. B. beim An- und Auskleiden), beim Versorgen von Pflanzen und Tieren oder bei der Zubereitung von Mahlzeiten möchten Kinder ebenfalls selbst aktiv sein – Selbsttätigkeit geht der Selbstständigkeit voraus.

Das Neugierverhalten der Kinder bringt immer wieder neue und spannende Themen hervor. Die Erzieherin bietet ihre Hilfe an und schafft die Rahmenbedingungen für ein aktivierendes Lernklima.

Eine rezeptive Lernhaltung wird den Kindern nur in kurzen Phasen, in denen die Erzieherin z. B. etwas vormacht oder erklärt, abgefordert. Das Handeln aus eigenem Antrieb soll im Mittelpunkt stehen, damit eine Persönlichkeit wachsen kann, die selbst die Initiative ergreift und bereit ist, für Dinge, für sich selbst und für andere Verantwortung zu übernehmen.

Übung

Erwachsene sind oft erstaunt, wenn sie sehen, mit welcher Geduld und Intensität Kinder eine Handlung wiederholen, die sie einmal gefangen genommen hat. Etwas Ausüben geht spielerisch in das Einüben über, das Kind wiederholt die Handlung solange, bis es genügend Sicherheit erworben hat, sie selbstständig auszuführen und wiederholt sie auch danach oft noch viele Male.

Auf der didaktischen Ebene werden Vorgänge des Vorübens, Vertiefens und Sicherns bewusst gestaltet. Angebote sind so aufgebaut, dass Fähigkeiten immer wieder neu ausprobiert werden können. Fingerspiele werden nicht einmalig vorgeführt, Lieder nicht nur einmal gesungen, die Erzieherin bringt in der Wiederholung kleinere Korrekturen an und steigert den Schwierigkeitsgrad langsam. Das Kind erkennt dadurch langfristig, dass es durch Üben besondere Leistungen erzielen kann.

Wiederkehrende Feste und Rituale kommen dem Bedürfnis der Kinder nach Wiederholung und Übung entgegen.

Teilschritte

Große Aufgaben müssen in kleinere Teilaufgaben gegliedert werden, um erfolgreich bewältigt zu werden. Bei der Zubereitung eines Obstsalates muss das Obst zunächst gewaschen, dann muss es geschält und in Stücke zerteilt werden. Anschließend werden die Stücke in eine Schüssel gefüllt und miteinander vermischt.

Komplexe Vorgänge, die für Erwachsene selbstverständlich sind, bestehen bei der Arbeit mit Kindern aus einer Abfolge einzelner Schritte, von denen jeder mit spezifischen Schwierigkeiten und besonderen Herausforderungen verbunden ist.

Die Erzieherin kann die Abfolge der einzelnen Schritte transparent machen (z. B. durch ein Bildrezept), das Gesamtziel (z. B. das gemeinsame Essen in der Gruppe) sollte bei der Bewältigung der einzelnen Schritte nicht aus den Augen verloren werden.

Variabilität

Wenn Kinder über lange Zeiträume Tätigkeiten wiederholen, die sie beherrschen wollen, muss ihnen die Zeit dazu zugestanden werden. Das Kind benötigt gelegentlich aber auch Impulse, neue Wege zu beschreiten. Das Interesse an Varianten und vergleichbaren Problemstellungen muss daher manchmal geweckt werden.

Angebote für Kinder sollten abwechslungsreich sein. Bei der Verfolgung bestimmter Ziele setzt die Erzieherin bei der Wahl von Inhalten, Methoden und Medien/Materialien auf Variation und Unterschiedlichkeit. Eine spielerische Aneignung von Welt ist mit Gleichförmigkeit unvereinbar.

Lebensnähe

Wahrgenommenes bleibt äußerlich, wenn es für das Kind keinen Sinn hat. Im Kindergarten geht es nicht darum, dass bestimmte Inhalte für eine Zeitlang als Gedächtnisleistung aufgenommen werden, sondern dass die Inhalte in einem engen Zusammenhang zu den subjektiven Fragen und Problemen der Kinder stehen. Um Kinder auf der emotionalen Ebene und auf der Handlungsebene zu erreichen, muss Gelerntes direkt in realen oder arrangierten Situationen angewendet oder auf das eigene Leben übertragen werden können.

Anknüpfungspunkt sind die alltäglichen und unmittelbaren Erfahrungen und Erlebnisse der Kinder. Methodisch entwickelt eine Erzieherin ihre Angebote daher

- vom Nahen zum Fernen,
- vom Bekannten zum Unbekannten,
- vom Leichten zum Schweren,
- vom Konkreten zum Abstrakten.

Es liegt in der Natur der Sache, dass es keine vollständige Auflistung solcher verallgemeinernden Regeln geben kann. Die genannten Prinzipien sind in der Praxis wirksam, auch wenn sie der Erzieherin in der konkreten Situation nicht immer bewusst sind. Der Alltag mit den Kindern erlaubt es oft nicht, gleichzeitig an Prinzipien der eigenen Arbeit zu denken. Der direkte Kontakt mit den Kindern erfordert die Pflege einer *Achtsamkeit,* einer Aufmerksamkeit, die sich mit ehrlichem Interesse den Kindern zuwendet. Die Auseinandersetzung mit den Grundlagen der Arbeit geschieht eher in Prozessen der Vorplanung und der Reflexion.

Zusammenfassung

> Bildung im Kindergarten bedeutet Lernsituationen zu organisieren und zu strukturieren. Die Grundlage dafür bietet die Didaktik. Anschauung, Aktivität, Übung, Teilschritte, Variabilität und Lebensnähe sind im Kindergarten wesentliche didaktische Prinzipien.

2.2 Didaktische Ansätze

Als der Kindergarten in den sechziger Jahren des 20. Jahrhunderts in Westdeutschland in den Blickpunkt öffentlichen Interesses geriet, galt er bei vielen Kritikern als Institution, in der eine Schonraumpädagogik jenseits der gesellschaftlichen Realität betrieben wurde. Die Einrichtung, die einst die Bewahranstalten des 19. Jahrhunderts abgelöst hatte, wurde vor dem Hintergrund des Kalten Krieges nun selbst als Bewahranstalt geschmäht.

Didaktische Überlegungen zu den Zielen und Inhalten der pädagogischen Arbeit rückten verstärkt in den Mittelpunkt des fachlichen Interesses. Die Vermittlung bestimmter Qualifikationen trat in den Vordergrund und geriet dem Anschein nach in Widerspruch zur traditionellen, eher ganzheitlich ausgerichteten Kindergartenpädagogik.

1970 wurde im Zuge der Neuordnung des Schulsystems der Kindergarten in den *Elementarbereich* des Bildungswesens einbezogen. In der *Vorschuldiskussion* wurden große Hoffnungen auf die Entwicklung von Curricula *(Lehr- und Bildungspläne)* gesetzt, in denen einzelne, hierarchisch aufeinander aufbauende Lernziele und Lernschritte zu umfassenden Trainingsprogrammen zusammengefügt wurden. In der Folgezeit wurden unterschiedliche curriculare Ansätze für die Kindergartenarbeit und für den Vorschulbereich entwickelt. Einige davon beeinflussen bis heute die Bildungsarbeit im Kindergarten.

2.2.1 Der funktionsorientierte Ansatz

Entwicklungspsychologische Erkenntnisse über Phasen der Kindheit, die eine besondere Aufnahmefähigkeit garantieren sollten, wurden von Vertretern des funktionsorientierten Ansatzes mit großem Interesse verfolgt. Systematisch sollten bestimmte Grundfähigkeiten geschult werden. Eine Fülle von Materialien und Programmen zum Training im Denken, in der Wahrnehmung oder in der Feinmotorik kam auf den Markt. Häufig wurden diese mit dem Ziel der Intelligenzförderung eingesetzt. Heute lässt sich der Einsatz von vorgefertigten Lernprogrammen (z. B. Sprachtrainern) nur noch selten beobachten.

Bei der *Planung* der Bildungsarbeit nach dem funktionsorientierten Modell stehen die *Fähigkeiten und Fertigkeiten* des Kindes im Mittelpunkt. Bereits erworbene Kompetenzen oder vorhandene Defizite bilden den Ausgangspunkt für die Planung von Angeboten.

Fallbeispiel für funktionsorientiertes Arbeiten im Kindergarten

> Wir befinden uns im Jahr 1975. In der Gruppe »Zwergenland« fällt durch die mit Herbstmotiven bemalten Fenster das erste Morgenlicht, es ist Freispielzeit, die Kinder sind in kleinen Gruppen auf Kuschelecke, Puppenecke und Bauteppich verteilt, drei fünfjährige Kinder aus der Gruppe haben den Gruppenraum mit Monikas Erlaubnis verlassen und dürfen in der Turnhalle spielen. An einem der beiden Gruppentische sind die vierjährigen Kinder mit Zuordnungsspielen beschäftigt: Hund und Hütte – Jonas hat wieder zwei bebilderte Holztäfelchen entdeckt, die zusammengehören. Auf Monikas Tisch liegt eine Mappe, in der sie gewissenhaft die Entwicklungsfortschritte der Kinder festhält. Besonders hilfreich sind ihr die Aufzeichnungen als Vorbereitung der Gespräche mit den Eltern. Gerade schreibt sie einige wichtige Beobachtungen zu Lars (3 Jahre, 10 Monate) auf, der etwa seit einem halben Jahr in der Gruppe ist. Unter den vorgegebenen Rubriken trägt sie folgendes ein:
>
> - **Essgewohnheiten:** Kann mit dem Löffel, der Gabel die Speisen zerkleinern.

- **Toiletten- und Waschbereich:** Muss beim Toilettengang beaufsichtigt werden, kann sich noch nicht alleine säubern.
- **Ausziehen/Anziehen:** Beginnt Kleidungsstücke alleine anzuziehen, hat noch Schwierigkeiten beim Schließen der Knöpfe, Reißverschlüsse, beim Binden der Schleifen.
- **Verständigungsmittel:** Kann bei Bilderbuchbetrachtungen Einzelheiten benennen.
- **Räumliche und zeitliche Orientierung:** Kann allein die Örtlichkeiten des Hauses aufsuchen; kennt die Jahreszeiten.
- **Wissen:** Kennt die Augen des Würfels.
- **Gestalten/Musische Erziehung:** Kann mit Klötzen Brücken, Straßen Häuser usw. bauen, malt Kopffüßler, zieht große Perlen auf die Schnur.

Monika beschließt, die Zielsetzung, dass Lars selbst seine Schuhe anzieht und auch die Schleife selbst bindet, in der kommenden Woche nicht aus den Augen zu verlieren. Bei Bilderbuchbetrachtungen will sie ihn häufiger zu Wort kommen lassen, damit er seine Sprechhemmungen überwindet, die ihrer Meinung nach darin begründet sind, dass seine Eltern zu wenig Zeit investieren, mit ihm zu sprechen. Die Rubrik »sozialer Bereich« will sie zu einem späteren Zeitpunkt ausfüllen.

Nach Beendigung des Freispiels und des anschließenden gemeinsamen Frühstücks bittet sie die Hälfte der älteren Kinder an den vorbereiteten Gruppentisch. Dort hat sie helles Papier, Spritzsieb, Zahnbürste, ein Wassergefäß, Farben und Lappen bereitgelegt. Wie jedes Jahr im Herbst möchte sie mit den Kindern die zuvor im Park gesammelten Blätter nutzen, um Spritzbilder herzustellen. Sie holt einige Blätter, die auf der Fensterbank lagern; den Kindern zeigt sie ein fertiges Bild, auf dem Blatt sind Silhouetten auf farbigem Hintergrund zu erkennen. Marie, Jennifer und Maximilian sind sofort von der Idee begeistert, auch solche Bilder mit den Blättern zu gestalten.

Monika erklärt kurz die Technik und achtet bei der Durchführung darauf, dass die Kinder sorgfältig arbeiten. Sie sollen die Zahnbürste anfeuchten, etwas Farbe aufnehmen und dann über das Sieb reiben. Kleckse sollen möglichst nicht entstehen. Die Kinder sind sehr vorsichtig beim Abheben der Blätter und bemühen sich sichtlich, nicht zuviel Wasser zu nehmen. Im Laufe der Woche muss auch die zweite Hälfte der älteren Kinder diese Technik ausprobieren. Nach Monikas Erfahrung kommt sie bei den Kindern besonders gut an.

Passend zum Thema Herbst möchte sie noch das Thema »Igel« behandeln. Sie hat sich für diese Woche vorgenommen, das Bilderbuch »Wohin, kleiner Igel« vorzustellen und die jüngeren Kindern aus Tonpapier vorgemalte Igel ausschneiden zu lassen. Abschließend soll dann als Gemeinschaftsarbeit eine große Collage aus gemalten Bäumen, den Tonpapierigeln und Herbstblättern erstellt werden, die im Flur aufgehängt wird, um den Eltern einen Eindruck von der Arbeit der Kinder zu verschaffen.

Das pädagogische Handeln wird in diesem Beispiel vor dem Hintergrund allgemeiner Zielsetzungen ausgeführt. Den Kindern soll z. B. Grundwissen über ihre Umwelt vermittelt werden oder sie sollen sich in ihrer körperlichen Geschicklichkeit üben. Allgemeine Funktionen wie logisches Denken, Fühlen, Wollen, Kreativität, Symbolverständnis, sprachliches Ausdrucksvermögen, motorische Geschicklichkeit, Wahrnehmungsfähigkeit, Konfliktlösungsstrategien geben der Erzieherin Orientierungen für die Planung der Arbeit.

Die Erzieherin entscheidet, welche Fertigkeiten bei einzelnen Kindern oder in der Gruppe entwickelt, gefördert und eingeübt werden, um Defizite durch pädagogisches Handeln zu kompensieren. Es werden konkrete Ziele formuliert, aus denen sich einzelne Vorgehensweisen ableiten. Der Erfolg lässt sich durch eine Lernkontrolle nachprüfen.

Kritik am funktionsorientierten Ansatz

Die Kritik am funktionsorientierten Ansatz entzündet sich vor allem an den Vorschulmappen und geschlossenen Curricula, es wird bemängelt, dass das Training oder die Verbesserung einzelner psychischer Funktionen oder bestimmter Fertigkeiten zu sehr losgelöst sei von den sozialen Lebenszusammenhängen, dass es zu fern sei von den vitalen Bedürfnissen und Interessen der Kinder. Feste Lernprogramme förderten außerdem zu wenig Verhaltensweisen, die auf Selbstbestimmung und Selbstentfaltung zielen. Die geschlossenen Formen der Wissensvermittlung in standardisierten vorschulischen Lernprogrammen stünden im Kontrast zu einer von Experimentierfreude geprägten Entwicklungsstufe.

2.2.2 Der lernbereichsorientierte Ansatz

Verfasser von Materialien für den Elementarbereich griffen an Schulfächer erinnernde Einteilungen auf, um Themen und Sachverhalte in differenzierter Form aufzuarbeiten. Als didaktischer Ansatz geht der lernbereichs- oder wissenschaftsorientierte Ansatz auf Modelle zurück, die in Anlehnung an die Grundschuldidaktik spezielle Programme für die 5- und 6-Jährigen anboten. Um Wirklichkeit zu ordnen und zu bewältigen, sollten die Kinder grundlegende Begriffe der »Fachdisziplinen« lernen. Für jeden Lernbereich wurden mögliche Inhalte genannt und Hinweise zu den methodischen Verfahrensweisen gegeben.

Beispiel für Lernbereiche in der Vorschulerziehung

- **Sachbegegnung, Natur- und Umweltbegegnung:** kennenlernen, beobachten, Material bearbeiten, experimentieren
- **Sprachförderung:** artikulieren, benennen, Sätze bilden, Sprache verstehen, verbal kommunizieren ...
- **Sinnesschulung:** sehen, tasten, riechen, schmecken, hören ...
- **Umgang mit Mengen, Zahlen, Formen:** ordnen, vergleichen, messen ...
- **Rhythmisch-musikalische Erziehung:** Musik hören, machen, verstehen, sich nach Musik bewegen ...
- **Bewegungserziehung:** schleichen, gehen, rückwärts gehen, rennen, hüpfen, klettern, springen, balancieren, werfen, fangen, rollen ...
- **Ästhetische Erziehung:** zeichnen, malen, plastisch gestalten, drucken, bauen, reißen, kneten, töpfern ...
- **Religiöse Erziehung, ethische Erziehung:** Glaube, Werte, Normen

Die in den siebziger Jahren entwickelten *Rahmenpläne* für die vorschulische Erziehung der 3- bis 6-Jährigen orientierten sich an Fach- und Anwendungsgebieten. Aus den Rahmenplänen wurden Wochenpläne abgeleitet, die die Bearbeitung von *Themen* in vielen Einrichtungen prägten.

Beispiel für eine an Lernbereichen orientierte Wochenplanung

	Übergreifendes Thema: Vom Korn zum Brot	
	Wochenplan 1	**Wochenplan 2**
Mo:	*Spracherziehung:* Bildgeschichte vom Korn	*Naturbegegnung:* Wir betrachten unterschiedliche Ähren
Di:	*Musikalische Erziehung:* Liedeinführung »Seht, was wir geerntet haben«	*Exkursion:* Besuch einer Mühle mit Wasserrad
Mi:	*Bewegungserziehung:* Meine Mühle, die braucht Wind	*Angeleitetes Rollenspiel:* Vom Korn zum Brot
Do:	*Hauswirtschaftlicher Bereich:* Wir backen Brot	*Gestalten:* Getreidebilder
Fr:	*Religiöse Erziehung:* Was geschieht mit dem Weizenkorn?	Vorbereitung auf das Erntedankfest in der Kirchengemeinde

Kritik am lernbereichsorientierten Ansatz

Die Kritik am lernbereichsorientierten Ansatz stellt in Frage, ob ein System geordneten Wissens die Kinder bei der Aneignung der Welt stützt. Eine additive Anhäufung von Inhalten stellt noch keine Sinnzusammenhänge her. Den Kindern sollten nach Meinung der Kritiker keine Themen zugemutet werden, die nicht ihren unmittelbaren Lebensbereich berühren.

In der heutigen *Praxis* ist die Aufteilung in Lernbereiche von Bedeutung, wenn Vorplanungen erstellt werden, die sich über einen längeren Zeitraum erstrecken sollen. Häufig handelt es sich dabei um Themen, die regelmäßig wiederkehren (z. B. Jahreszeiten und Feste). Auch wenn die Erstellung von festen Jahresplänen nur noch selten zu finden ist und starre Wochenpläne immer mehr durch flexiblere Planungsmodelle ersetzt werden, greifen Erzieherinnen bei der Vorplanung von didaktischen Einheiten oft auf *»Bildungsbereiche«* zurück, die unterschiedliche Bereiche des Lernens berücksichtigen. Inhalte können dadurch vielfältig gestaltet werden, die Kinder werden auf unterschiedlichen Ebenen angesprochen. Lern- oder Bildungsbereiche bieten auch Orientierung bei der Gliederung von Situationen, die sich spontan entwickeln.

2.2.3   Der situationsorientierte Ansatz

Wesentlichen Einfluss auf die Bildungsarbeit in heutigen Kindergärten hat der situationsorientierte Ansatz, der in bewusster Abgrenzung gegenüber dem funktionsorientierten Modell entwickelt wurde. Es wurde beanstandet, dass Kinder kaum noch direkten Zugang zu Lebensbereichen außerhalb von Kindergarten und Familie hatten und verbindende Orte wie Straßen, Plätze und Nachbarschaft selten noch lebendig waren. Familie, Öffentlichkeit, Arbeit, Lernen und Freizeit wurden zunehmend zu voneinander getrennten Welten. Der Kindergarten als eine eigens zugeschnittene Kinderwelt wurde als Teil dieser Entwicklung gesehen.

Den beschriebenen Entwicklungen wollte man entgegenwirken, indem man den Kindern eine überschaubare und erfahrungsreiche Lernumwelt anbot, die auch über den Kindergarten hinausging. Den Kindern sollte Gelegenheit gegeben werden, wichtige Lebenszusammenhänge begreifen zu können. Spezielle Kompetenzen wurden nicht länger in künstlichen Lernsituationen, sondern in realen Situationen erworben. Lebenssituationen waren Lernsituationen. Das Zusammenleben mit anderen, gemeinsames Handeln und die Übernahme von Verantwortung für andere konnten real eingeübt werden.

Eine Aufteilung der Kinder in altersgleiche Gruppen, wie sie in einigen Einrichtungen noch üblich war, wurde strikt abgelehnt. Gefordert wurden altersgemischte Gruppen für 3- bis 6-Jährige. Die Kinder sollten ihren Alltag selbst mitgestalten können, was mit einem verplanten Kindergartenalltag nicht vereinbar war. Voraussetzung für die pädagogische Arbeit waren genaue Situationsanalysen, die sowohl die momentane Situation innerhalb der Einrichtung als auch die Situation der Kinder in ihren Familien und in ihrem Wohnumfeld berücksichtigten.

Bei der Anwendung des situationsorientierten Ansatzes gab es in der *Praxis* viele Irritationen, die z.T. darin begründet waren, dass der didaktische Anspruch ungeklärt blieb. Vertreter des situationsorientierten Ansatzes betonten immer wieder, dass es *die* Vorgehensweise nach diesem Modell nicht gebe, jede Planung sei ein einmaliger Vorgang. Beim situationsorientierten Modell handele es sich nicht um ein starres theoretisches Konstrukt, das lediglich von der Theorie in die Praxis umgesetzt werden müsse. Es biete Orientierungen, fertige Rezepte liefere es nicht. Die Qualität dieses offenen Ansatzes zeige sich erst in der lebendigen Interaktion zwischen Erzieherinnen, Kindern, Eltern und allen anderen Beteiligten.

Für die praktische Arbeit ist es besonders wichtig, zwischen *situativem*, spontanem Handeln und dem situationsorientierten Ansatz als didaktischem Modell zu unterscheiden. Ein *didaktisches Modell* muss Strukturierungshilfen bei der Planung, Durchführung und Reflexion von Vorhaben oder Projekten bieten. Lehr- und Lernprozesse, die im Kindergarten stattfinden, müssen angemessen erfasst werden. Das folgende Beispiel beschreibt daher eine Vorgehensweise, in der die Orientierung an Situationen als Möglichkeit einer bewussten Bildungsarbeit mit Kindern verstanden wird:

Fallbeispiel für situationsorientiertes Arbeiten im Kindergarten

> Im Jahr 1985. Bei Jennifer, der Erzieherin der Gruppe »Zauberlinge« hängt am Anschlagbrett eine Türkeikarte, die Eltern werden gebeten, Bilder, Fotos oder Gegenstände mitzubringen, die dazu beitragen können, Alltagsleben in der Türkei zu zeigen.
> Auf dem Essensplan wird für Mittwoch »Börek« angekündigt. Emines Mutter hat versprochen, für die Gruppe zu kochen. Auf Jennifers Bitte hin war sie bereits gestern in der Gruppe geblieben: Sie hatte den Kindern aus einem Kochbuch Bilder von Köfte und Bohnensuppe gezeigt und wurde von Jennifer und den Kindern befragt, wie man Börek macht. Emine wuss-

te, dass ein »yumurta« ein Ei ist und erklärte stolz »Ich kann türkisch, ganz viel!« Aus den genannten Zutaten hatte Jennifer nachmittags ein großes Bildrezept auf Plakatpappe geklebt, so dass die Kinder die wichtigsten Arbeitsvorgänge nachvollziehen konnten. Fünf Kinder wollten am Mittwoch beim Kochen behilflich sein.

Ein Globus, zwei Schattenspielfiguren (Hacivar und Karagöz), das Bilderbuch »Selim und Susanne« weisen im Gruppenraum auf das neu angelaufene Projekt hin.

Bei der letzten »kleinen« Teambesprechung mit Sabrina, der Kinderpflegerin und Jule, der Praktikantin, waren wie gewohnt mögliche Situationen diskutiert worden, die für die Kinder eine Bedeutung haben könnten. Sabrina hatte vom letzten gemeinsamen Ausflug in den angrenzenden Park berichtet, von dem sie mit vielen Blättern, Kastanien, Eicheln, und Zweigen zurückgekehrt waren. Mit den Kindern gemeinsam die Natur zu erleben war eine Freude für alle Beteiligten, die Fähigkeit der Kinder, genau hinzuschauen und sich neugierig auf Vorgänge in der Natur einzulassen, war sehr ausgeprägt. Sabrina hatte vorgeschlagen, das Bedürfnis der Kinder aufgreifen, viel Zeit draußen zu verbringen und ein gemeinsames Projekt daraus zu machen, z.B. den Herbst mit allen Sinnen möglichst intensiv zu erfahren! Untereinander war eine kurze Diskussion darüber entstanden, ob eine Jahreszeit überhaupt eine Situation sein könne, schließlich, so bemerkte Jennifer, habe man sich doch vor einiger Zeit auf den Situationsansatz als Modell geeinigt, um die übliche Orientierung an Jahreszeiten ein Stück weit zu überwinden. Zum Schluss überzeugte aber alle das Argument, dass die überwiegende Zahl der Kinder in Gruppen doch kaum die Möglichkeit habe, im Stadtteil intensive Naturerfahrungen zu machen und man die Möglichkeiten, die der nahe gelegene Park biete, unbedingt nutzen solle.

Jule beschrieb eine Situation, die sie mit den Kindern am Mittagstisch erlebt hatte. Kevin hatte gefragt, warum Turgai und Ertugrul manchmal ein anderes Essen bekamen als die anderen Kinder. Die türkischen Kinder der Gruppe bekamen in den wenigen Fällen, in denen Schweinefleisch als Bestandteil der Mahlzeiten war, ein Alternativ-Gericht serviert. Jule hatte den Kindern erklärt, dass die beiden islamisch seien und deshalb kein Schweinefleisch essen dürften. Offensichtlich bestand aber weiterer Klärungsbedarf, denn am nächsten Tag fragte Kevin, warum Benedikt denn Schweinefleisch essen dürfe, der habe doch auch schwarze Haare. Obwohl die türkischen Kinder schon seit fast einem Jahr in der Gruppe waren, hatten sich deutsche und türkische Kinder nach Beobachtung der Erzieherinnen bisher nicht als »verschieden« erlebt. Verständigungsprobleme zwischen den Kindern waren nicht sichtbar geworden, bei der Besprechung von Bilderbüchern konnten einige türkische Kinder aber manche Dinge nicht benennen.

> Das Team einigte sich schließlich darauf, die Schlüsselsituation am Mittagstisch als Ausgangspunkt für die weitere Arbeit zu wählen. Die Situation war für die Kinder nicht nur von aktueller Bedeutung, eine intensivere Beschäftigung mit dem Thema barg die für die deutschen Kinder die Möglichkeit in sich, andere Lebensgewohnheiten wahrzunehmen und zu akzeptieren, die türkischen Kinder sollten darin unterstützt werden eine Identität im Leben zwischen den Kulturen zu entwickeln zu können. Fremdenfeindlichkeit sollte nicht weiter thematisiert werden, da es nach Einschätzung der Erzieherinnen eher ein Problem der Erwachsenen war, das von außen in die Kinderwelt hineingetragen wurde.
> Man einigte sich auf das Projektthema »Alltagsleben in der Türkei«. Der Aushang wurde gestaltet und Jennifer führte im Stuhlkreis ein Gespräch mit der Gruppe, Turgai und Ertugrul wussten auch nicht genau, warum sie kein Schweinefleisch essen durften, aber sie konnten von Köfte, Corba und Börek erzählen, Gerichte, die den anderen Kindern völlig unbekannt waren. Turgai wusste auch von einer Moschee zu berichten, die früher einmal eine Garage gewesen war. Einige deutsche Kinder wollten wissen, was eine Moschee sei. Jennifer schlug vor, genauer nachzuforschen, eventuell könne man sich die von Turgai genannte Moschee ja einmal anschauen. Die Kinder waren sofort einverstanden.
> Im Anschluss an den Moscheebesuch veranstalteten die Kinder im Park eine wilde Blätterschlacht, einige Blätter wurden mitgenommen. In der Gruppe wollte man gemeinsam überlegen, was man damit machen könnte.

In Jennifers Gruppe wird das soziale Handeln der Kinder zum Ausgangspunkt von Lernprozessen gemacht. Jennifer geht auf Fragen ein, die sich Kindern in bestimmten Situationen stellen. Vorausgesetzt wird, dass Kinder in den verschiedensten *Lebensbereichen* auf Probleme stoßen, die sie gern lösen möchten, seien diese Erfahrungen familialer, sozialer, kultureller oder technischer Art.

Im Rahmen der Teamarbeit werden Schlüsselsituationen *gesammelt*, analysiert und ausgelesen, um nicht nur einzelnen Kindern, sondern Teilgruppen oder der ganzen Gruppe gerecht zu werden. Anknüpfungspunkte für die pädagogische Arbeit können aktuelle Situationen sein, die die Erzieherin beobachtet (z. B. Äußerungen der Kinder) oder auch die allgemeine gegenwärtige Situation der Kinder, von der die Erzieherin weiß (z. B. Familiensituationen). Auch vergangene Situationen, die für die Gegenwart der

Kinder noch eine Bedeutung haben oder zukünftige Situationen (z. B. bevorstehender Schuleintritt) können genauer angeschaut werden.

Wurde eine *Auswahl* bedeutsamer Situationen getroffen, werden Handlungsqualitäten bestimmt, die die Kinder zur Bewältigung der Situationen brauchen. Im Beispiel geht es den Erzieherinnen darum, kulturell bedingte Unterschiede zu thematisieren und die türkischen Kinder bei ihrer Identitätsentwicklung zu unterstützen, ohne sie in eine Außenseiterrolle zu bringen. Integration wird nicht als einseitiger Anpassungsprozess verstanden.

Die Erzieherin bildet thematische Schwerpunkte, zu denen Informationen und Ideen gesammelt und Fragestellungen formuliert werden. Es wird nicht streng nach diesen vorbereiteten Schwerpunkten gearbeitet, sondern die Erzieherin berücksichtigt, was sich in der Kindergruppe ergibt, und geht auf individuelle Besonderheiten einzelner Kinder ein. Verlauf und Ende eines Projektes sind nicht starr und vorgegeben, sondern *didaktische Schleifen* zu anderen Bereichen und Überleitungen zu anderen Aktivitäten sind möglich und erwünscht. Den Kindern werden innerhalb dieser didaktischen Schleifen Kenntnisse und Fertigkeiten vermittelt, die sie in einer konkreten Situation benötigen. So ist es in dem obigen Beispiel eventuell erforderlich, mit den Kindern das Überqueren eines Fußgängerüberweges einzuüben, bevor die Gruppe sich gemeinsam auf den Weg zur Moschee aufmachen kann.

Ein so verstandenes situationsorientiertes Arbeiten ist didaktisch-methodisch begründet und führt zu einer bestimmten Abfolge einzelner Schritte (siehe Abb. 3).

Kritik am situationsorientierten Ansatz

Die Auseinandersetzung um den situationsorientierten Ansatz hält bis heute an, wie die in der Praxis immer wieder geführten Diskussionen um die Notwendigkeit von festen Vorplanungen zeigen. *Kritiker* am situationsorientierten Ansatz bezweifeln, dass der häufig geäußerte Anspruch, Kindern bei der Verarbeitung wichtiger Erfahrungen zu helfen, bei der Arbeit mit großen Gruppen eingelöst werden könne. Sie bemängeln, dass es Situationen wie Sand am Meer

48 Didaktik der Bildungsarbeit im Kindergarten

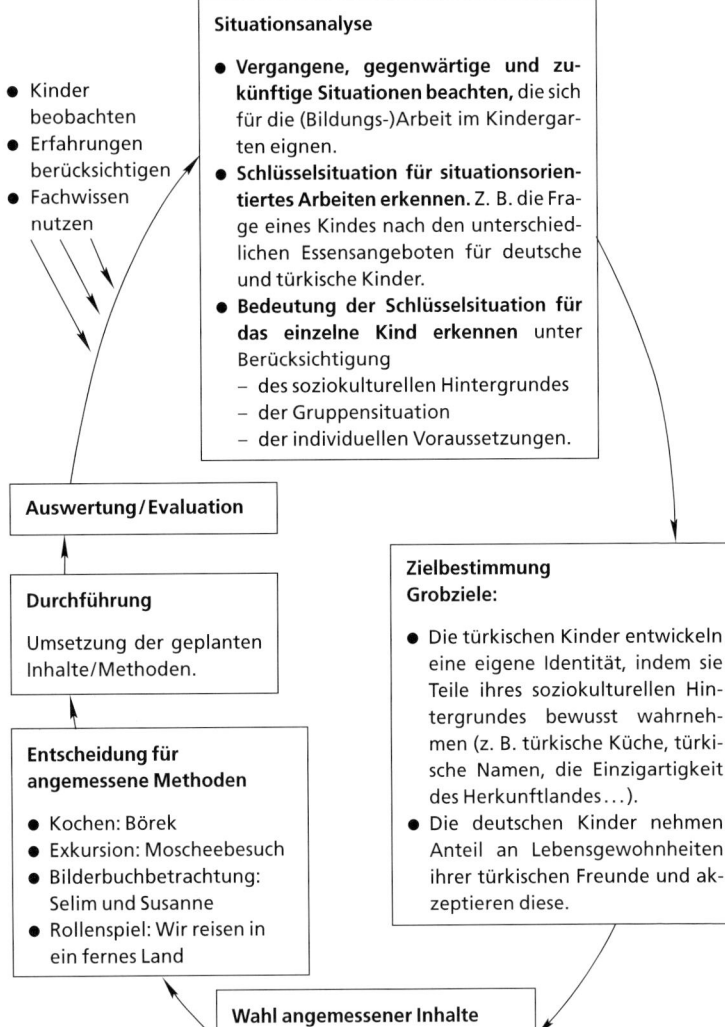

Abb. 3: Planungsmodell zur Arbeit nach dem situationsorientierten Ansatz

gebe, und es der Erzieherin nicht möglich sei, auf alle Interessen und Neigungen der Kinder einzugehen.

Der Erwerb sozialer Kompetenzen ist in der heutigen Zeit eine wichtige Aufgabe des Kindergartens, die Betonung des sozialen Lernens darf aber nicht dazu führen, dass die Beziehung zwischen Kind und Sache vernachlässigt wird. Nicht alle Sacherfahrungen, die Kinder im Kindergarten machen sollten, ergeben sich aus Situationen. Es reicht daher nicht aus, Situationen lediglich auszuwählen – sie müssen auch geschaffen werden. Eine Planung nach dem situationsorientierten Ansatz hilft der Erzieherin Themen zu finden, die einen tatsächlichen Bezug zum Erleben der Kinder haben. Eine Situation ist aber nicht einfach gegeben – sie muss gefunden und ausgestaltet werden. Sie selbst hat keine Orientierung gebende Kraft.

2.2.4 Fähigkeiten, Themen oder Situationen?

Fragt man Erzieherinnen, nach welchem didaktischen Modell sie arbeiten, stellt man fest, dass sich wesentliche Elemente der beschriebenen Ansätze in der Praxis häufig miteinander verbinden. Fähigkeiten, Themen oder Situationen werden allerdings in unterschiedlicher Weise gewichtet.

Fähigkeiten, die Kinder im Kindergarten entwickeln, sind nicht an bestimmte Themen oder Methoden gebunden. Die Unterscheidung von Farben kann z. B. bei der Besprechung des Bilderbuches »Das kleine Gelb« ebenso geübt werden wie beim Betrachten von Pflanzen im Frühling. Kindergarten-Fähigkeiten werden nicht einmalig vermittelt und dann »abgehakt«, sondern sie werden eingeübt und immer wieder angewendet. Wenn sie in einem sinnvollen Kontext erfahren werden, erleben die Kinder die Bedeutung dieser Fähigkeiten und erlernen sie praktisch nebenbei.

Themen im Kindergarten können, müssen aber nicht durch den Wechsel der Jahreszeiten oder durch Feste bestimmt werden. Oft sind die besten Themen die, die durch die Kinder selbst oder durch enthusiastische Erzieherinnen in die Gruppe eingebracht werden.

Situationen können Ausgangspunkte sein, um Ziele und Qualifikationen zu bestimmen, die angestrebt werden sollten. Das Ausfindigmachen wichtiger Situationen ist ein *Grundprinzip* jeder pädagogischen Arbeit im Kindergarten. Das Lernen in Situationen kann dabei helfen, dass Inhalte nicht an den Kindern vorbei geplant werden, dass Konkretheit und Handlungsbezug hergestellt werden.

Da es für den Kindergarten keine vorgegebenen Lehrpläne gibt, stehen den Erzieherinnen unterschiedliche Planungsalternativen zur Verfügung. Allgemeine Planungsansätze bieten lediglich *Orientierungen* für die didaktisch-methodischen Planungen. Ob die Erzieherin bei der Planung ihrer Arbeit von Fähigkeiten, Themen oder Situationen ausgeht, sollte sie selbst entscheiden können. Den Teams sollte nicht zur Auflage gemacht werden, nach einem bestimmten didaktischen Modell zu arbeiten.

Zusammenfassung

Der Kindergarten ist traditionell keine Einrichtung zur Aufbewahrung von Kindern, sondern eine Institution, die durch unterschiedliche didaktische Modelle beeinflusst wurde und wird.
Im Mittelpunkt des *funktionsorientierten* Modells steht das Training bestimmter Fähigkeiten und Fertigkeiten. Der *lernbereichsorientierte* Ansatz bietet die Möglichkeit, Inhalte und Methoden verschiedenen Bildungsbereichen zuzuordnen. Bildungsarbeit nach dem *situationsorientierten* Modell meint nicht das spontane Handeln in einer pädagogischen Situation, sondern Situationen bilden den Ausgangspunkt, um didaktisch und methodisch begründet mit den Kindern vorzugehen.
Eine Erzieherin sollte bei der Planung der Bildungsarbeit an Fähigkeiten, Themen oder Situationen anknüpfen können.

2.3 Die didaktische Analyse

2.3.1 Modell zur didaktischen Analyse

Komplexe Bildungsvorgänge können nicht linear abgebildet werden, daher gibt es nicht *das* didaktische Modell für die Planung der Bildungsarbeit im Kindergarten. Eine gute Orientierung bieten Ansätze, die Lernvorgänge als dynamische Interaktionsprozesse von gegenseitiger Bezogenheit darstellen. Das hier in Anlehnung an die *lerntheoretische Didaktik* entwickelte Schema weist Parallelen zu Modellen aus der Sozialpädagogik zur *Arbeitsfeldanalyse* auf. Es garantiert eine gewisse Offenheit, da es lediglich die *Strukturelemente*, die die praktische Arbeit der Erzieherin bestimmen, sichtbar macht.

Abb. 4: Elemente der didaktischen Analyse

Das *Bedingungsfeld* verdeutlicht die Faktoren, die Planung und Handeln beeinflussen. Der *soziokulturelle Bezugsrahmen* wird durch den politisch-gesellschaftlichen Hintergrund und durch die historische Situation, in der sich die beteiligten Personen befinden, geprägt. Das *einzelne Kind* wird mit seinen individuellen Besonderheiten und Bedürfnissen gesehen. Gleichermaßen werden die Voraussetzungen bedacht, die die *Erzieherin* selbst mitbringt. Jede *Gruppe* besitzt eigene Merkmale und durchläuft einen Entwicklungsprozess. Hinzu kommen die *institutionellen Voraussetzungen:* Räumlichkeiten, Organisationsstrukturen und das pädagogische Konzept der Einrichtung haben Einfluss auf die Arbeit.

Das *Entscheidungsfeld* benennt die Elemente, die jeden planerischen Prozess ausmachen. Sie bilden eine konstante Struktur und lassen sich auf jede bewusst gestaltete Lernsituation übertragen: Es geht um die Fragen, *wohin* die Bildungsarbeit führen soll *(Ziele), was* vermittelt werden kann *(Inhalt), wie (Methoden)* und *womit (Medien/Material)* gearbeitet wird.

Die Elemente im Entscheidungsfeld sind nicht hierarchisch angeordnet, d.h. bei der konkreten Planung kann die Erzieherin an jedem Element ansetzen: Grundlage für die Entscheidung, das Bilderbuch »Die Ampel« in der Gruppe vorzulesen, kann das Ziel sein, den Kindern die Nutzung eines Fußgängerüberwegs mit Ampel beizubringen. Ausgangspunkt kann auch das Medium sein, das Bilderbuch selbst, das der Erzieherin aus pädagogischen Gründen besonders gefällt und das sie daher gern einsetzen möchte. Vielleicht sind ihr Aspekte des übergreifenden Inhalts »Verkehrserziehung« wichtig. Eventuell setzen methodische Überlegungen, z. B. wie eine bevorstehende Exkursion vorbereitet werden kann, den Planungsprozess in Gang. Immer geht es im Ergebnis darum, in einer bestimmten Absicht Inhalte oder Gegenstände mit bestimmten Methoden und Medien/Materialien in die Erlebniswelt von Kindern zu bringen.

Bei der Planung kann an jedem Punkt angeknüpft werden, bedacht werden sollten aber alle Entscheidungs- und Bedingungsfaktoren: Die einzelnen Elemente beeinflussen sich gegenseitig, sie bilden ein komplexes Ganzes.

Angestrebt wird eine *Rückwirkung* der pädagogisch-didaktischen Entscheidungen auf das Bedingungsfeld: Das einzelne Kind kann nach dem Angebot etwas, was es zuvor nicht ohne Hilfe tun konnte, die Erzieherin hat neues Wissen über die Kinder gewonnen oder die Gruppenmitglieder beziehen sich bewusster aufeinander. Ist die Arbeit erfolgreich und wird sie von vielen geleistet, kann sie Einfluss auf das Umfeld der Kinder haben, langfristig auch auf gesellschaftliche Rahmenbedingungen.

2.3.2 Der soziokulturelle Bezugsrahmen

Erzieherisches Handeln ist immer eingebunden in einen komplexen, realen Strukturzusammenhang. Die am Erziehungs- und Bildungsprozess beteiligten Individuen leben unter gesellschaftlichen Bedingungen, die dem historischen Wandel unterworfen sind. Eine Erzieherin zu Zeiten Fröbels hatte andere Arbeitsbedingungen und orientierte sich an anderen Wertvorstellungen als eine Erzieherin in der Bundesrepublik Deutschland im 21. Jahrhundert. Die politischen, gesellschaftlichen und kulturellen Einflüsse prägen die Erzieherin, aber auch das Kind, die Gruppe, die Institution.

Die Erzieherin berücksichtigt die genannten Einflussfaktoren, wenn sie ihre Aufmerksamkeit auf das soziale Umfeld richtet, in dem die Kinder leben: Der Stadtteil, die Region, die soziale Struktur der Familien formen die Menschen, die einander im Kindergarten begegnen. Umgekehrt ist der Kindergarten selbst Teil dieses Gefüges und beeinflusst das Leben einer Nachbarschaft oder einer Gemeinde.

2.3.3 Das einzelne Kind

Die Erzieherin sieht das einzelne Kind in seiner Entwicklung, sie sieht sein Verhalten in der Gruppe, erfährt etwas über seinen sozialen, kulturellen und familiären Hintergrund (Eltern-Kind-Beziehung, Geschwister- und Wohnsituation). Sie nimmt das Kind wahr, das »auffällt«, weil es anders agiert oder reagiert als seine Umwelt es von ihm erwartet. Sie nimmt auch das Kind wahr, das nicht auffällt, indem sie die Vorerfahrungen dieses Kindes bei ihren Planungen bedenkt, seine Vorlieben und Abneigungen entdeckt, sein Verhalten gegenüber Dingen und Personen.

Regelmäßige Beobachtungen in folgenden Bereichen erleichtern es, Angebote zu entwickeln, die dem Entwicklungsstand des einzelnen Kindes entsprechen. Bei größeren Auffälligkeiten sollte eine genauere Diagnostik außerhalb des Kindergartens angeregt werden:

Motorik (Grobmotorik, Feinmotorik, Handlungsplanung und -steuerung)

Die allgemeine Körpergeschicklichkeit und die Koordination von Bewegungsabläufen, die Fähigkeit, die Motorik unterschiedlichen Situationen anzupassen, lässt sich besonders bei Bewegungsspielen draußen beobachten, feinmotorische Fähigkeiten werden beim Gebrauch von Stift und Schere oder bei Alltagshandlungen wie z. B. beim Eingießen von Getränken, beim Schließen von Knöpfen und Reißverschlüssen sichtbar.

Wahrnehmung (besonders visuell, auditiv taktil-kinästhetisch, Gleichgewichtswahrnehmung)

Farben und einfache Formen erkennen, Geräusche unterscheiden, die visuelle oder auditive Aufmerksamkeit fokussieren, die Richtung einer Schallquelle ausmachen, Details in einem Bild wiedererkennen, Puzzles zusammensetzen, sich nach einem einfachen Rhythmus bewegen, Reime nachsprechen, einfache Melodien nachsingen, die Oberflächen und Strukturen von Materialien beschreiben, Gegenstände mit Hilfe des Tastsinns identifizieren, balancieren – die intensive Beschäftigung mit dem Kind bietet der Erzieherin viele Anhaltspunkte, dessen Wahrnehmungsfähigkeit genauer einzuschätzen.

Mnestische Funktionen (Aufmerksamkeit, Konzentration)

Im Spiel, bei körperlichen Aktivitäten und bei gezielten Angeboten zeigen Kindergartenkinder ein unterschiedliches Maß an Aufmerksamkeit und Ausdauer. In Abhängigkeit von Alter und Entwicklungsstand unterbrechen einige ihr Spiel schnell, andere befassen sich bereits über längere Zeiträume intensiv mit einer Sache und nehmen nach einer Unterbrechung ihre Tätigkeit wieder auf. Da Aufmerksamkeit und Konzentration sehr motivationsabhängig sind, prüft die Erzieherin, in welchen Situationen das Kind besonders aufmerksam und konzentriert ist.

Sprache

Auf der Ebene von Lauten, Worten und Sätzen gibt es für das Kindergartenalter entwicklungsbedingte Besonderheiten, die eine Erzieherin berücksichtigt, um die Sprachentwicklung der Kinder zu beurteilen. Artikulation, Lautbildung, aktiver und passiver Wortschatz, Satzbildung, Sprechbereitschaft, Sprechfreude, nonverbale Äußerungen, die Bereitschaft anderen zuzuhören, das Verständlichmachen eigener Anliegen und Bedürfnisse und das Verständnis von Anweisungen sollten Beachtung finden.

Kognition

Spielregeln begreifen, Begriffe benutzen, die bei Spielen oder Angeboten eingeführt wurden, Teile einer Geschichte wiedergeben, Merkmalsgruppen ergänzen, einfache sprachliche Analogien bilden, Dinge zuordnen, sortieren, in eine Reihenfolge bringen, Zeichen erkennen, Mengen einschätzen – diese Tätigkeiten liefern Hinweise auf die kognitive Entwicklung des Kindes.

Sozial-Emotionale Entwicklung

Das Ausdrücken von Gefühlen, die Aufgeschlossenheit gegenüber Neuem oder Ängstlichkeit in bestimmten Situationen lassen Rückschlüsse auf Selbstsicherheit und Selbstwertgefühl des einzelnen Kindes zu. Kontaktverhalten, Regelbewusstsein, Konfliktverhalten, Frustrationstoleranz, die Bereitschaft zur Teilnahme und zur Mitarbeit bei gemeinsamen Aktionen, der Grad der Selbstständigkeit bei übertragenen Aufgaben geben Anhaltspunkte für Aussagen über das Sozialverhalten eines Kindes.

2.3.4 Die Erzieherin

Eine Erzieherin muss Gefühle großer Unsicherheit ertragen, wenn sie Spielprozesse beobachtet, deren Verlauf und Sinn sich nicht immer gleich erschließt, sie muss sich mit ihren eigenen Ideen und Impulsen zurücknehmen, um die Kinder mit ihren eigenen Vorstellungen zum Zuge kommen zu lassen. Es ist ein anstrengender Prozess, sich äußerlich zurückzuhalten und innerlich immer wieder neu zu entscheiden, inwieweit es notwendig ist zu intervenieren oder nicht. Wann ist es sinnvoll zu ermutigen und Wege aufzuzeigen, wann ist es sinnvoll Grenzen zu setzen? Will eine Erzieherin dem Anspruch genügen, sich selbst zurückzunehmen und trotzdem Lern-, Erlebnis- und Lebenssituationen zu gestalten, so muss sie sich ihrer eigenen Machtansprüche bewusst werden und kontrolliert mit ihnen umgehen.

Nimmt die Erzieherin eine *offene Haltung* ein, kann eine gelöste Stimmung entstehen, aus der heraus sich neue Ideen und Kreativität entfalten können. In der Bildungsarbeit mit Kindern sind die Eigenaktivitätsphasen der Kinder unentbehrliche Orientierungshilfen. Sie geben Impulse für den weiteren Ablauf von Projekten. In Spielsituationen hält die Erzieherin das Maß an Außenkontrolle gering und geht flexibel mit den Anregungen der Kinder um. Sie stellt Erfahrungsräume her, d.h. sie gestaltet die räumlichen, zeitlichen und materiellen Bedingungen so, dass die Kinder eine anregungsreiche Umgebung vorfinden. Es entstehen geschützte Orte, die auch über längere Zeiträume das Interesse der Kinder finden.

Die Erzieherin ist selbst *Teil des didaktischen Geschehens.* Sie ist es, die das pädagogische Verhältnis gestaltet, sie ist es, die Freiräume gibt oder einschränkt, die beobachtet, analysiert, entscheidet, begründet. Sie kennt ihre eigenen Interessen und Stärken, Sie kann sich fragen, ob es Bildungsbereiche gibt, die sie den Kindern »vorenthält«, weil diese z. B. nicht den persönlichen Vorlieben oder Stärken entsprechen.

Der pädagogische Umgang mit Kindern ist ein Bildungsprozess, der Kind und Erwachsenen gleichermaßen erfasst. In der Bildungsarbeit mit Kindern ist die Erzieherin selten Belehrende, sie ist im Alltag eher »Entwicklungshelferin« und Begleiterin. Sie zeigt eine demokratische Orientierung, indem sie z. B. gemeinsam mit den Kindern Regeln für den Umgang miteinander entwickelt. Voraussetzung ist eine Wertorientierung, die es ihr ermöglicht, das Kind in der konkreten pädagogischen Situation als gleichwertig anzunehmen.

2.3.5 Die Gruppe

Ein großer Teil der Kinder kommt mittlerweile mit etwa drei Jahren in den Kindergarten. Viele sind Einzelkinder und stehen vor der schwierigen Aufgabe, sich in eine Gruppe Gleichaltriger einzugewöhnen und vielleicht zum ersten Mal ohne die direkte Nähe der häuslichen Bezugsperson Beziehungen zu fremden Erwachsenen aufzubauen. Das Erleben von Vertrauen, Geborgenheit und Nähe ist gebunden an die persönliche Begegnung, es ist die Basis für das pädagogische Verhältnis zwischen Kind und Erzieherin.

Die bisher in der Familie erfahrene Nähe beeinflusst das *Bindungsverhalten* des neuen Kindes in der Gruppe. Ist die emotionale Bindung zu den Bezugspersonen erfolgreich verlaufen, ist es »sicher gebunden«, zeigt es eine ausgewogene Balance zwischen Bindungsverhalten und Neugier. Kinder, die unsicher gebunden sind, sind häufig sozial isoliert oder werden Opfer von Angriffen. Sie benötigen die offen zugewandte Aufmerksamkeit durch die Erzieherin, die ihre Signale angemessen deutend wahrnimmt. Im Laufe ihres Kindergartenaufenthaltes bekommt die Gruppe für das Kind eine immer größere Bedeutung.

Die Erzieherin beachtet bei der Planung der Bildungsarbeit die *sozialen Vorerfahrungen* der Kinder. Das Bindungsverhalten, die Erfahrungen in der Familie und in der Peer Group beeinflussen das soziale Gebilde Kindergartengruppe. Sie berücksichtigt, wie viele neue Kinder in der Gruppe sind und wie lange die Beziehung zwischen Gruppenleitung und Kindern bereits besteht.

Viele Eltern schicken ihre Kinder vor allem in den Kindergarten, damit sie dort soziale Lernerfahrungen machen. Vergessen wird dabei manchmal, dass Gruppen auch eine Fülle von negativen Effekten entfalten können. Durch die *Gruppenführung* werden die positiven Kräfte der Gruppe gestärkt.

Die *inhaltlichen* Aktivitäten der Kindergartengruppe sind immer auch *soziale* Aktivitäten. Sich mit Dingen oder Themen zu beschäftigen, bedeutet sich mit anderen zu identifizieren und miteinander Freude und Erfolg zu erleben. Die *Gruppe* hat für das einzelne Kind wichtige *Funktionen*: Es kann in der Gruppe eine Solidargemeinschaft erleben, Unterstützung bei der Identitätsfindung erfahren und soziale Verhaltensweisen einüben. Auch Kindergruppen werden durch das Bedürfnis nach Anerkennung, Sicherheit und Geborgenheit bestimmt. Das einzelne Kind möchte von den anderen wahrgenommen und wertgeschätzt werden. Es ist wichtig einen eigenen Platz in der Gruppe zu besitzen und die eigene Rolle inne zu haben.

Kindergartengruppen durchlaufen *Entwicklungsphasen,* sie reichen von der Orientierungs- und Vertrautheitsphase bis hin zur Trennungs- und Auflösungsphase zum Ende des Kindergartenjahres.

- In der *Orientierungsphase* zu Beginn eines Kindergartenjahres steht die Gruppenleiterin im Mittelpunkt, sie beobachtet, erfüllt Bedürfnisse nach Zuwendung, spielt mit und macht behutsame Kontaktangebote, sie gibt aber auch Zeit, damit die Kinder sich auf die neue Situation einlassen können.
- Nach der Fremdheitsphase gerät die Gruppe in die *Macht- und Kontrollphase*. Jetzt geht es darum, einen Platz in der Gruppe zu finden. Vielleicht machen einige Kinder deutlich, dass ein Gruppenmitglied hier nichts zu suchen habe. Es kommt zu Rollenklärungen und Machtkämpfen, die Interaktionen der Kinder müssen beobachtet werden: Wer spielt welche Rolle? Schadet einem Kind eine Rolle? Wie gehen die Kinder miteinander um? Die Erzieherin drängt nicht darauf, dass nicht gestritten wird, sondern bespricht Regeln für das Streiten. Wichtig ist das eigene Vorbildverhalten: Wie spricht die Erzieherin mit den Kindern? Nimmt sie ernst, was sie sagen? Drückt sie ihre eigenen Gefühle aus? Sagt sie deutlich, was sie möchte und was nicht? Können die Positio-

- In der *Vertrautheitsphase* identifizieren sich die Kinder mit der Gruppe. Sie sind jetzt bewusst Mitglieder der »Mäuse«- oder »Bärengruppe«. Die Erzieherin ist nun nicht mehr so wichtig wie am Anfang. Aufgabe der Erzieherin ist es jetzt, der Gruppe größere Freiräume zu verschaffen, in denen die Gruppenmitglieder sich als zusammengehörig empfinden und selbstständig Spiele entwickeln können. Sie muss herausfinden, ob Konflikte vorhanden sind, die die Gruppe aus eigener Kraft lösen kann. Sie muss darauf achten, dass alle Kinder die Möglichkeit haben sich zu entfalten.
- Punktuell können Kindergartenkinder in der Gruppe auch die *Differenzierungsphase* erreichen, d.h. die Gruppenmitglieder können sich in ihrer Unterschiedlichkeit akzeptieren, niemand wird festgeschrieben auf eine bestimmte Rolle, die Gruppenleitung tritt in den Hintergrund. Eine Spielgruppe auf diesem Entwicklungstand kann es schaffen, unterschiedliche Interessen zur Zufriedenheit aller in ein gemeinsames Spiel zu integrieren. Die Kinder können dann z. B. auch akzeptieren, dass nicht zu jeder Zeit für alle die gleichen Regeln gelten müssen, sondern dass es manchmal für Einzelne auch Ausnahmen geben kann.
- In der *Trennungsphase* zum Ende des Kindergartenjahres ist die Gruppenleiterin wieder in besonderem Maße gefordert. Vertraute Bindungen müssen aufgegeben werden, die Gruppe in der alten Zusammensetzung löst sich auf. Die Gruppenmitglieder müssen darauf vorbereitet und der Abschied sollte bewusst gestaltet werden.

Sozialerziehung im Kindergarten ist Teil der Bildungsarbeit: Das Verhältnis der Kinder zur Gruppe bleibt nicht einer zufälligen Entwicklung überlassen, sondern soziale Prozesse werden wahrgenommen und beeinflusst. Die Erzieherin bietet Freiräume für neue Erfahrungswelten, greift aber auch in Gruppenprozesse ein. Sie klärt Vorgänge und schafft dadurch ein Klima gegenseitiger Achtung und des Verstehens. Die Gruppe bietet den Kindern Bereicherungen, aber auch Einschränkungen. Freundschaftliche Beziehungen und gegenseitige Hilfe können ebenso erfahren werden wie Egoismus und Machtansprüche.

Die Planung der Arbeit erfordert ein Eingehen auf das einzelne Kind sowie die Steuerung von Gesamtgruppe und Teilgruppen. Als förderlich haben sich die folgenden *gruppenpädagogischen Prinzipien erwiesen:*

Individualisierung

Individualisieren bedeutet, sich von der Frage leiten zu lassen, welche Vorgehensweisen, welche Aufgaben zu einem einzelnen Kind am besten passen könnten. Nach dem Prinzip Individualisierung zu arbeiten heißt, das einzelne Kind in seinen eigenen Interessen und Zielsetzungen zu ermutigen.

Die Angebote der Erzieherin enthalten daher Aufgaben mit unterschiedlichem Schwierigkeitsgrad. Sie akzeptiert verschiedene Lernwege und setzt unterschiedliche zeitliche Limits. Sie führt Einzelgespräche, sammelt Informationen zu individuellen Entwicklungen und Fortschritten. Sie achtet auf Hilfestellungen, die das Kind schrittweise zur Selbstständigkeit führen. Selbstständigkeit beim Problemlösen ist das Ziel, nicht die Ausgangssituation.

Differenzierung

Bildungsarbeit mit Kindergartenkindern ist zu einem Großteil ein Vorgang in der Gruppe. Eine Erzieherin muss den Entwicklungsstand verschiedener Kinder und den Schwierigkeitsgrad eines Lerngegenstandes einschätzen können. In der Konsequenz bedeutet das, dass nicht alle Kinder zur gleichen Zeit die gleichen Tätigkeiten ausführen, sondern dass einzelne Kinder und Teilgruppen mit unterschiedlichen Tätigkeiten befasst sind.

Die *differenzierte Gruppenarbeit* ist eine wichtige Voraussetzung für einen hohen Beteiligungsgrad der Kinder. In kleinen, überschaubaren Gruppen hat das einzelne Kind die Chance, sich regelmäßig einzubringen. Alter, Geschlecht, Leistungsfähigkeit und sozialer Hintergrund der Kinder variieren in den Gruppen. Die Erzieherin sorgt für ein differenziertes Materialangebot und hält Aufgaben mit unterschiedlichem Anspruchsniveau bereit. Bei der Durchführung von Lerneinheiten oder Projekten werden Aufgaben untereinander aufgeteilt.

Die Erzieherin macht Vorschläge für Gruppenbildungen und versucht durch Impulse darauf hinzuwirken, dass sich in der Gruppe ein Klima entwickelt, in dem sich alle wohl fühlen können.

Stärkenorientierung

Die Erziehungsarbeit wird entlastet, wenn die Erzieherin sich nicht in erster Linie für die Schwächen interessiert, um diese langfristig zu beseitigen, sondern die besonderen Begabungen eines Kindes erkennt. Auf diesem Wege kann sie den Kindern Erfolgserlebnisse verschaffen. Wie jedes Individuum hat aber auch jede Gruppe Stärken, an die es anzuknüpfen gilt.

Die Gruppe dort abholen, wo sie steht

Die Erzieherin bewegt sich im Spannungsverhältnis zwischen den Polen Individuum und Gruppe. Sie passt ihre Angebote dem Stand einzelner Kinder und dem Tempo der Gruppe an, indem sie z. B. die jeweilige Altersmischung in Teilgruppen festsetzt.

Freiwilligkeit

Grundsätzlich gilt für Angebote an Gruppen das Prinzip der Freiwilligkeit. Die Motivation wird durch die Sache oder das Thema geweckt, die Teilnahme sollte Freude bereiten und nicht als Zwang empfunden werden. Statt die Kinder zu »überreden« oder mit »sanftem Druck« an Dinge heranzuführen, ist es besser, z. B. mit Hilfe eines Gegenstandes die Aufmerksamkeit der Gruppe zu sichern.

Die Teilnehmer sollten vor Beginn deutlich ihr »OK«, ihr grundsätzliches Einverständnis zum Dabeisein geäußert haben. Die Gruppe sollte aber auch die Erfahrung machen, dass durch die Entscheidung Verbindlichkeit zur Teilnahme hergestellt wird.

Raum für Entscheidungen geben

Kinder, die selbständig werden sollen, brauchen Räume, in denen sie Entscheidungsspielraum haben. Bei Konflikten sind sie häufig selbst in der Lage, Lösungsvorschläge zu machen und auszuprobieren. Auch manche inhaltliche Einzelfrage kann in der Kindergruppe besprochen werden. Eine detaillierte Beschreibung oder Diskussion des gesamten Vorhabens ist vor dem Hintergrund des Entwicklungsstandes der Kinder jedoch nur eingeschränkt durchführbar.

Grenzen positiv nutzen

Regeln und notwendige Grenzen sollten in der Gruppe besprochen und möglichst gemeinsam entwickelt werden. Die Einschränkung der Entfaltungsfreiheit der anderen setzt dem Einzelnen Grenzen. Die Gruppe ist für das einzelne Kind ein wichtiges Korrektiv: An der Reaktion der anderen kann es die Bedeutung des eigenen Verhaltens erkennen. Warten können, zugunsten einer anderen Person auf etwas verzichten, sich selbst mit seinen Bedürfnissen zurücknehmen – die Entwicklung dieser sozialen Fähigkeiten geschieht in der Gruppe mit Hilfe der anderen und mit Unterstützung der Gruppenleiterin.

Die Erzieherin erzwingt die für den Gruppenalltag nötigen Verhaltensweisen nicht, sondern entwickelt das soziale Miteinander mit der Gruppe, bespricht Regeln und stellt sie zur Diskussion.

Zusammenarbeit fördern

Gegenseitige Hilfe und gemeinsames Tun werden gefördert. Die Kinder fragen z. B. nicht die Erzieherin, sondern andere Kinder, ob Aufgaben richtig gelöst wurden. Neue oder schüchterne Kinder werden durch »Paten« in Spielgruppen oder in die Gesamtgruppe eingeführt.

Sich überflüssig machen

Das Ziel jeder Gruppenarbeit wird auch im Kindergarten angestrebt. Die Gruppenleiterin regt die Kinder dazu an, Schwierigkeiten eigenständig zu bewältigen und Ergebnisse von Aufgaben selbst zu überprüfen.

2.3.6 Institutionelle Voraussetzungen

Jeder Kindergarten hat seinen eigenen Charakter: Der bewusst gewählte Schwerpunkt, die inhaltliche Ausrichtung der Arbeit machen das *Profil* einer Einrichtung aus. Die Bildungsarbeit im Kindergarten wird durch die Ausrichtung des *Trägers* beeinflusst. Viele Kindergärten befinden sich in freier Trägerschaft. Kirchen, Wohlfahrtsverbände, Vereine und andere Träger sorgen für ein buntes Spektrum an Einrichtungen. Viele Einzelfragen, wie der Umgang mit Regeln oder die Integration von Kindern mit Besonderheiten erfordern Absprachen zwischen den Mitarbeiterinnen. Die *pädagogischen Ziele*, die Grundsätze und Prinzipien der Arbeit werden im Idealfall gemeinsam im Team entwickelt und in einer *Konzeption* zum Ausdruck gebracht.

Didaktisch-methodische Entscheidungen betreffen den Umgang mit *Zeit*, sie beeinflussen den Tagesablauf. Die Lage und die Beschaffenheit der *Räume* und des *Außengeländes* haben entscheidenden Einfluss darauf, ob ein Vorhaben mit den Kindern durchführbar ist oder nicht. Auch die Organisation der *Gruppenstruktur* hat weitreichende Folgen für die Bildungsarbeit. Eine Orientierung an Stammgruppen oder an offenen Konzepten führt in der Planung zu unterschiedlichen Konsequenzen. Die Anzahl und die Qualifikation der *Mitarbeiterinnen* bestimmen die Arbeit ebenso wie die Zusammenarbeit im *Team*, die Kooperation mit den *Eltern* und die *Kontakte* zu anderen Institutionen und zur Gemeinde. (siehe Kap. 2.5)

2.3.7 Die Bedingungen der Arbeit überprüfen

Die Kenntnisse einer Erzieherin über die allgemeine Entwicklung von Kindern und ihr Wissen über die Lebenssituation der Kinder in ihrer Gruppe bilden den Hintergrund, vor dem sie eigene Bobachtungen interpretiert. Sie fragt sich, welches Gewicht das Beobachtete für das einzelne Kind und die Gruppe hat, welche Lernprozesse unterstützt oder in Gang gesetzt werden sollten.

In der *Anfangsphase* der didaktischen Analyse werden *Beobachtungsergebnisse* gesammelt und weitere *Fakten und Informationen* herangezogen, die für die Arbeit mit dem einzelnen Kind oder mit der Gruppe relevant erscheinen. Die Erzieherin deckt Lernbedingungen auf, um das Arbeitsfeld bewusst zu gestalten. Sie spricht mit ihren Kolleginnen über Beobachtetes, über einzelne Kinder, über die Gesamtgruppe, über Vorerfahrungen und Motivationen. Indem sie versucht, die im Bedingungsfeld genannten Einflussfaktoren genauer zu bestimmen, bemüht sie sich um Objektivität und schafft die Voraussetzungen, um ihre Arbeit transparent zu machen.

Nach der Orientierungsphase folgt die *Bedingungsprüfung*: Die Erzieherin setzt sich kritisch mit den Fakten, Daten und Beobachtungen auseinander, analysiert und beurteilt sie. Welche Chancen bieten sich unter den gegebenen Bedingungen, den Erlebnis- und Wissenshorizont der Kinder zu erweitern?

Aufgrund des gewonnenen Erkenntnisstandes können Möglichkeiten entworfen werden, wie die zukünftige Arbeit gestaltet werden soll. Es werden grundlegende *didaktische Entscheidungen* für konkrete Vorhaben getroffen.

Die Analyse der Ausgangslage dient der Planung und der Begründung der Arbeit. Der Bildungsprozess kann nun unter folgender *Leitfrage* kritisch reflektiert werden:

☞ »Warum bearbeite ich hier und heute in dieser Gruppe, mit diesen Kindern unter diesen äußeren Umständen diese Thematik, mit diesen Zielen, mit diesen Medien und Materialien, auf diese Art und Weise?«

2.3.8 Ziele setzen

Ziele bilden sich vor dem Hintergrund von Traditionen und Kultur durch die zielsetzenden Instanzen einer Gesellschaft (Staat, Träger, Wissenschaft, Eltern, Mitarbeiter), werden aber auch durch die Erfahrungs- und Erlebniswelt von Einzelnen geprägt.

Die vom Gesetzgeber oder vom Träger formulierten Leit- oder Richtziele bieten aufgrund ihres allgemeinen Charakters nur wenig Orientierung für die praktische Arbeit. Allgemein gehaltene Formulierungen spiegeln vielleicht auch die Schwierigkeiten wider, Kinder auf noch nicht absehbare Lebenssituationen vorzubereiten.

Die Orientierung an Zielen kann im Kindergarten dadurch geschehen, dass das pädagogische Handeln aus eher abstrakt formulierten Zielen abgeleitet wird. Allgemeine Erziehungsziele wie z. B. »Selbstständigkeit« oder »Entwicklung der Empathiefähigkeit« lassen viele Möglichkeiten offen, Kinder in den Bereichen Selbst-, Sozial und Sachkompetenz zu fördern. Erzieherinnen werden in ihrer Ausbildung daher darin geschult, Ziele zu bestimmen und das erwartete Verhalten der Kinder in Vorplanungen treffend zu beschreiben (siehe Abb. 5 auf Seite 66).

Aus allgemeinen Zielen werden hier linear erwünschte Verhaltensweisen abgeleitet. Viele Erzieherinnen empfinden Unbehagen bei solch einer von oben nach unten schauenden Betrachtungsweise, es entsteht leicht das Gefühl, dass Personen oder Personengruppen außerhalb des Kindergartens über Zielformulierungen ihren Einfluss auf die praktische Arbeit geltend machen möchten. Die starre, wenig flexible Orientierung an Zielen scheint in Widerspruch zu den komplexen und lebendigen Erfahrungen des pädagogischen Alltags zu stehen. In der Praxis erfahren Erzieherinnen die Wechselwirkung der den Planungsprozess bestimmenden Elemente, die regelmäßige Beobachtung der Kinder verlangt außerdem flexible Zielsetzungen.

Geht eine Erzieherin nach dem diesem Buch zugrunde liegenden Strukturmodell vor, ist es nicht notwendig, vordergründig aus allgemeinen Richtlinien Lernziele abzuleiten. Die Zielbestimmung wird als Teil eines offenen Planungsprozesses verstanden. Der Bildungsauftrag des Kindergartens wird erfüllt, da auf die Zukunft bezogene

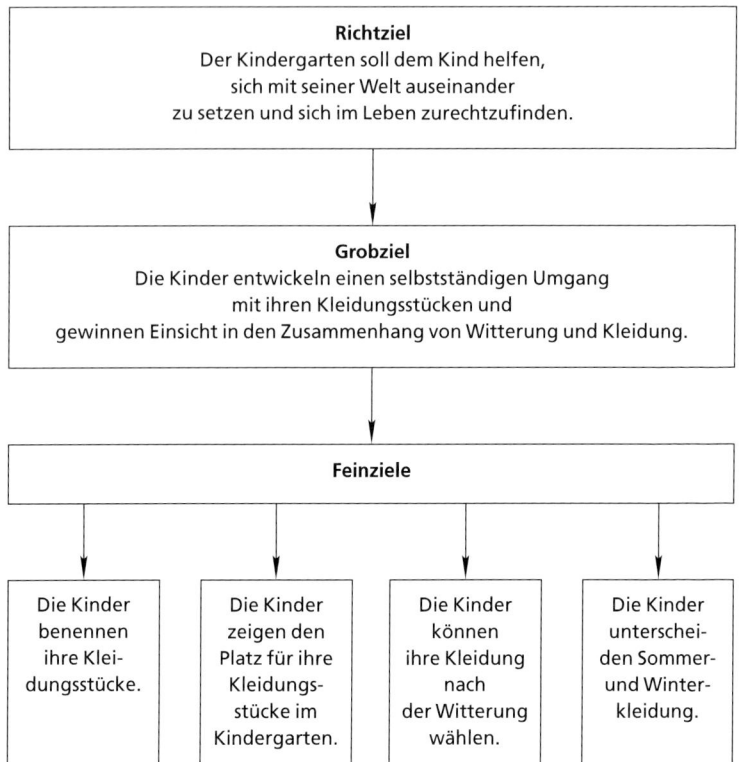

Abb. 5: Zielarten

Erziehungsziele verfolgt werden, die in Wechselwirkung zu anderen Faktoren stehen, die das Erziehungsgeschehen beeinflussen. Die Realisierung von Zielen erfolgt nicht starr und schematisch, weil alternative Lernerfahrungen in der Gegenwart zugelassen werden.

Auch wenn eine Erzieherin nicht jeden ihrer Schritte deduktiv aus »höheren« Zielen ableitet, muss sie sich der Frage stellen, wie sich ihre gewählten Inhalte und Methoden rechtfertigen. Will sie ihre Planungsarbeit vor sich selbst und vor den Kindern verantworten und ihren Hintergrund nach außen darstellen, muss sie deutlich machen, *wohin* sie die Kinder bringen möchte. Klar formulierte Ziele machen wesentliche Entscheidungen im Planungsprozess transparent.

Konkret formulierte Ziele lassen sich bestimmten Dimensionen des Lernens oder *Zielebenen* zuordnen. Die folgende Unterteilung folgt der traditionellen Fröbelschen Aufgliederung des Lernens mit Kopf, Herz und Hand. Ergänzt wird die soziale Dimension:

- *kognitiv:* Intellektuelle Fähigkeiten und Fertigkeiten, Denkvermögen, Wahrnehmungsvermögen, Vorstellungsfähigkeit, Konzentration, Ideenreichtum, Sprachgebrauch, Sprachverständnis, Wissen, Kenntnis, Verständnis, Planung, Entscheidung…
- *emotional-affektiv:* Gefühle, Einstellungen, Bereitschaft, Aufmerksamkeit, Erlebnisfähigkeit, Interesse, Bedürfnisse, Wünsche, Selbstvertrauen, Selbstsicherheit, Wertschätzung, Werterleben, Haltungen…
- *psychomotorisch:* Bewegung, Körperbeherrschung, grobmotorische Fähigkeiten, feinmotorische Geschicklichkeit, Schnelligkeit, körperliche Belastbarkeit, Bewegungsfreude, Nachahmung, Koordination, Körperbild…
- *sozial:* Kontaktfähigkeit, Rücksichtnahme, Mitteilungsfähigkeit, Kooperation, Anpassungsfähigkeit, Verantwortungsbewusstsein, Toleranz, Konfliktfähigkeit, Regelverständnis…

Bei der *Planung* einer Lerneinheit oder eines Vorhabens kann die Zuordnung zu Zielebenen helfen, Schwerpunktsetzungen zu erkennen. Ein »kopflastiges« Vorgehen, das heißt eine einseitige kognitive Ausrichtung, wird so vermieden. Erfolgreiches und flexibles Verhalten gründet nicht nur im Wissen, sondern gerade auch im sozialen und emotionalen Bereich. Die Förderung einer emotionalen Intelligenz setzt voraus, Gefühle zu erkennen, ein Vokabular dafür entwickeln und sich klar zu machen was hinter einem Gefühl steckt (z. B. eine Verletzung), daraus kann sich Empathie und die Bereitschaft entwickeln, Verantwortung für Handlungen zu übernehmen. Schulreife zeigt ein Kind nicht nur durch die Bereitschaft zum Lernen und durch die Fähigkeit Stoff aufzunehmen und zu verarbeiten, sondern gerade auch durch die Fähigkeit, ein begonnenes Werk fortzusetzen, in gegebenen Situationen auf die sofortige Befriedigung von Wünschen zu verzichten und aktiv an einer Gemeinschaft teilzuhaben.

Allgemein gehaltene Ziele berühren mehrere *Dimensionen.* Die unterschiedlichen Ebenen schließen einander nicht aus, sondern bedingen sich gegenseitig. Im emotionalen und sozialen Bereich sind

Beispiel für die Berücksichtigung von Zielebenen

Situation: Die Kinder besprechen in der Gruppe, was sie tun können, damit die neuen Pflanzen auf der Fensterbank jeden Morgen frisches Wasser bekommen. Marcel möchte die Aufgabe übernehmen, die Blumen regelmäßig zu gießen. Die Erzieherin kann bei der Planung der weiteren Vorgehensweise die Verhaltensbereiche in unterschiedlicher Weise gewichten:

Kognitive Dimension	Emotionalaffektive Dimension	Psychomotorische Dimension	Soziale Dimension
Die Kinder wissen, wieviel Wasser die einzelnen Pflanzen benötigen.	Bei den Kindern entsteht das Interesse und die Bereitschaft, diese Aufgabe zu übernehmen.	Die Kinder gehen mit der Gießkanne richtig um.	Die Kinder finden eine Lösung, die von allen akzeptiert wird.

statt beschreibbarer Verhaltensweisen oft nur Entwicklungsmöglichkeiten und Tendenzen vorhersagbar.

Die Bestimmung konkreter Ziele befreit ein Team nicht von der Notwendigkeit, sich über allgemeinere und grundsätzlichere Ziele der pädagogischen Arbeit zu verständigen. Die eigenen Wertvorstellungen und das eigene Menschenbild bilden die Grundlage für jede Zieldiskussion. Sich rasch wandelnde gesellschaftliche Verhältnisse machen eine ständige Überprüfung eigener Positionen notwendig. Sie erfordern eine Auseinandersetzung mit Traditionen und sie verlangen den Mut, sich auf Neues einzulassen. Eine an gemeinsamen Zielen orientierte Pädagogik stellt sicher, dass Erziehung sich nicht zu einer bloßen Technik entwickelt, sondern dass sie zur tragfähigen Grundlage für die Entfaltung von Kindern wird.

2.3.9 Inhalte auswählen

Bildungspolitiker haben bisher darauf verzichtet, für den Kindergarten Lehrpläne aufzustellen. Wie kann dieser Freiraum von den Erzieherinnen sinnvoll genutzt werden? Welche Inhalte sollen sie auswählen?

Rückblick: Von der Jahreszeitenpädagogik zur kritischen Umwelterziehung

Für manche Erzieherin war die Auseinandersetzung mit dem *situationsorientierten Ansatz* Anstoß, den vertrauten Kreislauf immer wiederkehrender Inhalte zu durchbrechen. Fachberaterinnen, Aus- und Fortbildnerinnen, die versuchten, neue Anregungen in die Einrichtungen zu tragen, wandten sich gegen eine inhaltliche und zeitliche Fixierung von Aktivitäten, die sich in festen Monats-, Wochen- oder auch Stundenplänen ausdrückte. Die Kinder selbst brachten ja die Themen in den Kindergarten mit: Es sollte nun um die Sachen oder Vorgänge gehen, die die Kinder bewegten, die sie unmittelbar betrafen und deshalb eine besondere Bedeutung für sie hatten. Gerade aus dem sozialen Umfeld der Kinder ergaben sich vielfältige Anregungen, aus denen Ideen und Impulse für Aktionen entwickelt werden konnten.

Die neue Form der Arbeit verlangte von den Erzieherinnen, sich in der Programmplanung auf Umwege und Überraschungen einzustellen. Von ihnen wurde ein hohes Maß an Einsatz gefordert. Sie sollten sich immer wieder neu darüber informieren, was in der Umgebung vor sich ging: Der Jahrmarkt, die Krankheit eines Freundes, der Wohnungswechsel einer Familie, der Bau einer neuen Straße, die Geburt eines Geschwisterkindes, der neue Lehrer an der Grundschule konnten zum gemeinsamen Inhalt in der Gruppe werden. Gespräche mit Eltern, Kontakte auf der Straße oder regionale Zeitungen sollten der Erzieherin bei der Vorbereitung helfen. Erwachsene wurde zu Gesprächs- und Lernpartnern für Kinder, indem sie in ihren Lebens- und Berufsbereichen angesprochen wurden, z. B. der Lehrer, die Krankenschwester, die Ärztin, der Müllmann, der Polizist.

In der Anfangsphase des von der Arbeitsgruppe Vorschulerziehung am Deutschen Jugendinstitut in München entwickelten Konzeptes zum situationsorientierten Arbeiten wurden eine Reihe von didaktischen Einheiten entwickelt. Inhalte waren:

- »Kinder im Krankenhaus«
- »Kinder kommen in die Schule«
- »Über den Umgang mit Märchen«
- »Werbung«
- »Wochenende«
- »Kinder allein zu Haus«

- »Kochen, Ausflug, Kinderfeste«
- »Neue Kinder in der Gruppe«
- »Kinder im Kindergarten«
- »Meine Familie und ich«
- »Was Kinder haben wollen«
- »Was meine Eltern tagsüber tun«
- »Kinder werden abgelehnt«
- »Kinder aus unvollständigen Familien«
- »Große und kleine Kinder«
- »Wohnen«
- »Müll«
- »Verlaufen in der Stadt«
- »Tod«
- »Wir haben Ferien«
- »Gastarbeiterkinder«
- »Fernsehen«
- »Kinder und alte Leute«
- »Aufräumen, Essen, Einschlafen«

Es wurden Inhalte ausgewählt, die für die Kinder eine besondere lebensgeschichtliche Bedeutung hatten oder die für die Kinder problematisch waren, weil sie z. B. in ihnen ängstlich reagierten. Streit mit dem Freund, fremd sein, stehlen, behindert sein, durch Tod einen Freund verlieren – all das konnte Ausgangspunkt sein, Lernprozesse in Gang zu setzen. Deutlich erkennbar ist, dass Themen aus dem *sozialen Leben* bevorzugt wurden. Inhaltlich rückte dadurch der im Kindergarten lange vernachlässigte Bereich des sozialen Lernens in den Vordergrund der Arbeit. Die Materialien zu den genannten Themen sollten ursprünglich als Anregungen dienen und nach den spezifischen Bedürfnissen in den Einrichtungen eingesetzt und verändert werden. Die Praxis zeigte aber, dass die veröffentlichten Ordner häufig lediglich »umgesetzt« wurden, dass vergleichbare Inhalte nicht aus der eigenen Gruppe heraus entwickelt wurden. Der Einsatz der didaktischen Einheiten bekam dadurch Merkmale der altvertrauten Arbeitsweise mit festgelegten Inhalten, die eigentlich überwunden werden sollte.

Im Laufe der Zeit hielten immer mehr Inhalte Einzug in den Kindergarten, die zuvor eher als *Angelegenheit der Erwachsenen* betrachtet wurden: Veränderungen in den Lebensbereichen der Kinder wurden registriert und das pädagogische Konzept darauf abgestellt. Einige Kindergärten wurden politischer – schließlich sollten die Kinder als Erwachsene mit den vielen Problemen fertig werden, die ihnen die jetzige Generation hinterlassen würde – der Kindergarten wurde nicht als eine pädagogische Insel verstanden: Es gab Kinder, die nach Tschernobyl wissen wollten, warum sie nicht im Sand spielen durften, obwohl draußen das schönste Wetter war, andere wollten wissen, warum das Wasser im Bach verschmutzt worden war, warum die Autos und nicht die Kinder auf der Straße sein durften, warum Kinder in anderen Länder hungerten und was man dagegen tun konnte. Dem Zeitgeist entsprechende Themen von gesellschaftspolitischer oder umweltpolitischer Relevanz wurden nicht mehr grundsätzlich ausgeklammert: Scheidung der Eltern (»Papa wohnt jetzt in der Heinrichstraße«) konnte ebenso Thema werden wie sexueller Missbrauch (»Ich sag nein! Kein Küsschen auf Kommando.«). Die Beobachtung der Kinder gab Anlass zu der Vermutung, dass das Bild vom Kind als einem von Politik unberührtem Wesen nicht stimmte – diese Vorstellung schien eher ein Ausdruck von Projektionen der Erwachsenen auf die Kinder zu sein. Anders als zu Zeiten der Studentenbewegung ging man bei der Bearbeitung der Themen jedoch stärker von der Wahrnehmung der Kinder aus, und nicht nur von den z. T. ideologisierenden Bedürfnissen der Erwachsenen.

Themen heute

Wer *heute* einen Kindergarten betritt, stößt in der Eingangshalle oder vor den Gruppenräumen kaum noch auf ausgefeilte Wochen- oder Monatspläne. In der Regel sieht man bunt gestaltete Informationsblätter oder Plakate der Erzieherinnen, auf denen diese sich an die Eltern wenden, um sie darüber in Kenntnis zu setzen, was zur Zeit mit den Kindern gemacht wird: Es finden sich Lieder, Spiele, Reime zu bestimmten Themen oder Hinweise darauf, den Kindern zum Frühstück statt Milchschnitte besser kleine Obststücke mitzugeben.

Die möglichen Aktionen mit den Kindern werden in fast bizarrer Vielfalt präsentiert. Die äußere Form signalisiert, dass kein Anspruch auf Vollständigkeit erhoben wird. Die aufgeführten Inhalte können ergänzt, erweitert, gegebenenfalls auch wieder aufgegeben werden. Die Eltern werden aufgefordert, sich mit Ideen einzubringen oder Materialien von zu Hause beizusteuern.

Die Inhaltsfrage ist in erster Linie eine Frage der *bewussten Auswahl* von Themen geworden. Eine Erzieherin kann auf immer wiederkehrende Grundthemen oder auf Vielfalt und Unterschiedlichkeit setzen. Vorgänge in der Gruppe können ebenso zum Thema werden wie das Überqueren eines Fußgängerüberweges. *Jahreszeiten und Feiertage* können als Garanten für Struktur und Rhythmus angesehen werden, die Kindern im Vorschulalter wichtige Orientierungspunkte bieten, der Frühling kann aber auch als eine wichtige Situationen aufgedeckt werden, die für die Kinder von besonderer Bedeutung ist.

Themen, welche die *soziale* Dimension betonen, haben im Kindergarten unserer Zeit eine besondere Berechtigung. Die Begegnung mit anderen Menschen, die Lösung von Konflikten sollen frühzeitig bewusst erlebt werden. Auch die Wahrnehmung von Gefühlen, das Einfühlen in andere Menschen spielt eine wichtige Rolle. Die Betonung dieser Bereiche darf aber nicht dazu führen, dass *Sachthemen* vernachlässigt werden. Die Weltbegegnung von Kindern erfolgt vor allem über die Dingwelt, der sie mit besonderer Neugier und Offenheit gegenübertreten. Die Welterfahrung wird durch die Vermittlung von ersten Sachkenntnissen erweitert, der Lebensraum der Kinder wird dadurch überschaubarer gemacht. Es geht um elementare, sinnliche Erfahrungen, die eng mit dem Nahbereich des Kindes, mit seiner natürlichen, kulturellen und sozialen Umgebung verbunden sind.

Elementare Erfahrungen mit Luft, Wasser, Erde oder Feuer sind wichtig, aber auch einfache Mathematik, kindgemäße Naturwissenschaft und Umgang mit Technik sollten einen Platz im Kindergartenalltag haben. Experimentieren kann bedeuten herauszufinden, welche Gegenstände schwimmen und welche nicht – die Kinder sollten aber auch in vielen anderen Bereichen ihrem Forscher- und Tüftlerdrang nachgehen können. Astronomie, die Begegnung mit Kunst aus der Erwachsenenwelt oder die Chance, sich selbst als Ausdruckskünstler zu erleben, bergen ebenfalls vielfältige thematische Möglichkeiten.

Erzieherinnen, die genau hinhören, wissen, dass Kinder philosophische und religiöse Fragestellungen entwickeln, und nicht nur in Grenzsituationen nach Sinn suchen. Oft stellen sie Fragen, auf die auch Erwachsene nicht sofort eine Antwort haben. Eine schnelle Antwort ist aber auch meistens gar nicht erwünscht. Manchmal reicht es, hinzuhören, wahrzunehmen, die Kinder bei der Beantwortung ihrer

Fragen unterstützend zu begleiten und zu eigenen ersten »Theoriebildungen« anzuregen. Die Freude am Forschen bedeutet nicht automatisch, die kindliche Welt der Magie und des Unvorhersehbaren aufzugeben; auch ein Phänomen, das eine Ursache hat, kann zum Staunen führen.

Inhalte aufbereiten

Durch die didaktische Analyse wird deutlich, dass Bildung im Kindergarten einer *didaktischen Intentionalität* folgt. Die Auswahl der Inhalte ist nicht beliebig. Durch die Auseinandersetzung mit den Lerninhalten und mit den Bedingungs- und Entscheidungsfaktoren wird der *Bildungsgehalt* eines Inhalts genauer bestimmt werden: Welche praktische, bei der Bewältigung des Lebens helfende Bedeutung hat der Inhalt? Was leistet der Gegenstand für das Weltverstehen, für die Orientierung innerhalb einer Kultur? Ist der Inhalt elementar, fundamental? Was lässt sich durch den Inhalt exemplarisch erfassen, einüben? Entspricht der Inhalt den Bedürfnissen der Kinder? Entspricht er den Erfordernissen der Gesellschaft, in die die Kinder hineinwachsen sollen?

Der Inhalt kann Aktualität im Erleben einzelner oder vieler Kinder haben, aber auch das Anliegen, beim Kind erst noch Interesse zu wecken, seinen Erfahrungs- und Wissenshorizont zu erweitern, darf Anlass sein, einen bestimmten Inhalt einzuführen. Inhalte, die Eigenaktivität und Kreativität hervorrufen, sind von besonderem Wert.

Ist ein geeigneter Inhalt gefunden, muss er *differenziert* werden, d.h. es müssen sinnvolle Ausschnitte gesucht werden. Ihn *didaktisch zu reduzieren*, bedeutet, den Inhalt so zu strukturieren, dass er möglichst einfach vom Kind erfasst werden kann. Der Lerngegenstand muss dazu aufbereitet werden, d.h. Sachverhalte, die erst später erlernt werden sollen, werden weggelassen, Teilinhalte werden vereinfacht und sprachliche Ausdrücke dem Stand der Sprachentwicklung der Kinder angepasst.

Themen im Kindergarten werden nicht von vornherein bis ins Detail festgelegt, das Ergebnis bleibt *mitgestaltbar*.

Eine enge Zusammenarbeit zwischen Kindergarten und Grundschule ist notwendig, um im Kindergarten besprochene Inhalte in der Schule weiterzuentwickeln. Zentrale Themen, die mit den älteren Kindern behandelt werden, sollten abgestimmt werden, um Überschneidungen zu vermeiden. 6-Jährige erleben dadurch einen sanften Übergang in die nächste Stufe des Bildungssystems.

2.3.10 Methoden entwickeln

Ob ein Inhalt kindgemäß ist, hängt entscheidend davon ab, wie er didaktisch-methodisch aufbereitet wird.

Was sind Methoden?

Methoden gelten allgemein als *planmäßige Verfahrensweisen* im pädagogischen Alltag. Bei der Bildungsarbeit im Kindergarten sind Methoden die Gesamtheit dessen, was eine Erzieherin bewusst macht, damit Kinder lernen. Viele Methoden entwickeln sich aus der Praxis, sie lassen sich daher nur in Ansätzen systematisch darstellen.

- *Indirekte Methoden* unterstützen die Kinder in ihrem spontanen Spiel und ermöglichen ihnen neue Erfahrungen. Die Erzieherin baut z. B. einen Parcours auf, um dem Bewegungsbedürfnis der Kinder zu entsprechen. Indirekte Methoden bestimmen den größten Teil eines Kindergartentages.
- *Direkte Methoden* sind gekennzeichnet durch eine unmittelbare Interaktion zwischen Kindern und Erzieherin. Die Erzieherin liest z. B. bestimmten Kindern ein Bilderbuch vor und bespricht es, sie vermittelt eine gestalterische Technik, führt Gespräche mit der Gruppe, übt ein neues Lied ein oder erprobt Fähigkeiten im Umgang mit Dingen des täglichen Lebens.
- Bei der Planung didaktischer Lerneinheiten spielen direkte Methoden oft eine wichtigere Rolle als indirekte Methoden: Sprache, Musik, Bewegung, Spiel, künstlerisches Gestalten werden zu

»Werkzeugen«, mit denen die Erzieherin am jeweiligen Entwicklungsprofil der Kinder ansetzen kann.

Die Erzieherin kann sich bei der Durchführung eines Angebotes für eine bestimmte *Aktionsform* entscheiden: Sie kann etwas darbieten, vorstellen oder sie kann die Kinder etwas entdecken, erarbeiten lassen. Bei einem Ausflug kann sie ihnen z. B. unterschiedliche Bäume zeigen und deren Namen erklären oder die Kinder durch Impulse und Fragen dahin lenken, die Bäume genauer zu betrachten, sie zu berühren, ihre Blätter zu vergleichen.

Durch die gewählte *Sozialform* bestimmt sie, ob die Kinder einzeln, zu zweit, in Teilgruppen oder in der Gesamtgruppe Erfahrungen machen.

Sprechen wir bei der Arbeit im Kindergarten von einer besonders geeigneten Methode, so ist damit selten eine einzelne, isolierte Handlung gemeint. Meistens geht es um ein komplexes methodisches Verfahren, um eine Abfolge einzelner *Lernschritte* und Maßnahmen.

Im Planungsprozess wird der *Verlauf* eines Angebotes in Schritte aufgeteilt, die das Verhalten der Erzieherin und die möglichen Aktivitäten der Kinder gedanklich vorwegnehmen, so dass in der Durchführung möglichst wenig Schwierigkeiten auftreten. Manche Abfolge ergibt sich aus dem Inhalt (z. B. wenn mit den Kindern gemeinsam nach einem einfachen Rezept gekocht oder gebacken wird), andere Teilschritte sind notwendig, um die Kinder zu motivieren (z. B. durch den Hinweis auf das Sommerfest, bei dem es leckeres Essen geben soll) oder um ihnen etwas verständlich zu machen, (z. B. durch das Besprechen eines Bildrezeptes, das auf einem Plakat dargestellt wird). Jeder Abschnitt enthält in der Regel einen Impuls, eine Frage oder die Aufforderung zu einem Tun und ergibt sich logisch aus dem Vorangegangenen.

Geschlossenes oder offenes Vorgehen?

Der Aufbau eines Angebotes hat wesentlichen Einfluss auf das pädagogische Geschehen:

Ein Fadenbaum bei den »Wühlmäusen«

Bei den »Wühlmäusen« wird von der Erzieherin Simone ein Stuhlkreis gestellt. Sie möchte mit den Kindern ein Vorhaben zum Thema Herbst durchführen. Nachdem die Kinder Platz genommen haben, eröffnet sie das Gespräch mit der Frage, ob eines der Kinder wisse, welche Jahreszeit draußen sei. Viele Kinder melden sich, indem sie den Arm heben und rufen »Herbst! Herbst!«. Simone lobt die Kinder für ihr Wissen und stellt die Frage, woran man den Herbst denn erkennen könne. Da kein Kind antwortet, hilft sie mit einer weiteren Frage: »Habt ihr gesehen, welche Farben die Blätter an den Bäumen haben?« »Bräunlich und gelblich« weiß Maximilian zu berichten. Sarah berichtet von einem Spaziergang mit den Eltern, bei dem sie viele Blätter gesammelt habe.

Simone lenkt das Gespräch noch einmal auf das Aussehen der Bäume im Herbst und kündigt dann an, dass sie mit den Kindern Herbstbilder aus Wollresten herstellen möchte. Sie teilt die große Runde dazu in zwei Teilgruppen von acht Kindern ein. Die erste Gruppe darf sich an die beiden zusammengestellten Tische setzen, die zweite Gruppe wird am späteren Vormittag die Möglichkeit haben, die Bilder zu gestalten. Die erste Gruppe holt die Malkittel. Die Kinder helfen einander beim Anziehen. Simone hat die Arbeitsplätze am Tisch mit Unterlagen, verschiedenen Tonpapieren, Scheren, Mehlkleister, Pinsel, Buntstiften und Wollreste in herbstlichen Farben versehen.

Zu Hause hat Simone für jedes Kind den Umriss eines Baumes mit einem Stamm und einigen verzweigten Ästen auf Tonpapier gemalt. Gerade die jüngeren Kinder sind ihrer Beobachtung zufolge noch nicht in der Lage, den Umriss eines Herbstbaumes frei zu zeichnen. Da es ihr wichtig ist, dass die Kinder die Herbstfarben bewusst wahrnehmen, macht sie die Kinder auf die Farbgebung der Wollfäden aufmerksam. Dann erklärt Simone den Kindern, dass sie den Kleister sorgfältig die Linien entlang auftragen sollen. Sie weist die Kinder an, sich einen rötlichen Faden herauszusuchen und damit den Umriss der Baumkrone zu legen. Auch die anderen Wollfäden sollen dann auf die vorgezeichneten Zweige aufgeklebt werden. Die Kinder arbeiten konzentriert und fragen Simone, ob es so richtig sei. Sina beschwert sich darüber, dass Patrick zuviel Kleister für sein Bild genommen habe, Simone zeigt ihm, wie er es besser machen kann. Sie macht den Kindern vor, wie man einen Faden um den Finger wickelt und dann eine Spirale erhält, die ebenfalls aufgeklebt werden kann.

Als die ersten Kinder »Ich bin fertig!« rufen, dürfen sie noch den Stamm mit Buntstiften braun anmalen. Simone lobt die Kinder für ihre gelungenen Bilder und schreibt den Namen des jeweiligen Kindes in die rechte Ecke des Bildes.

Schließlich werden die Bilder zum Trocknen auf die Fensterbank gelegt. Simone achtet darauf, dass die Kinder gemeinsam aufräumen und sich die Hände waschen.

Fadenbaum bei den »Maulwürfen«
Bei den »Maulwürfen« werden ebenfalls Fadenbäume gestaltet. Die Gruppenleiterin Katrin hat dazu vier Kartons mit Wolle auf den Arbeitstisch gestellt. Gemeinsam schauen sich die acht älteren Kinder der Gruppe die Fülle an unterschiedlichen Wollfäden an. Katrin nimmt einen Faden in die Hand, betrachtet ihn genau und stellt fest, dass er aus einem gelben und einem braunen Faden zusammengedreht ist. Die Kinder betrachten ebenfalls einzelne Fäden, finden mit durch Katrins Fragen heraus, dass es dicke, dünne und mittlere gibt, gemusterte und einfarbige, weiche, superweiche, glatte, raue, wuschelige, leicht reißende und harte, außerdem muffig riechende.

Katrin erinnert die Kinder an den gestrigen Ausflug in den Park und fordert die Kinder auf, Fäden herauszusuchen, die Ähnlichkeit haben mit den Farben, die die Bäume zur Zeit draußen haben. Die Fäden könne man dann nehmen, um Bilder mit Herbstbäumen daraus zu machen. Die Kinder stimmen zu und beginnen, in den Kisten zu kramen und suchen die unterschiedlichsten Garne und Fäden heraus.

Am Tag zuvor war Katrin mit einigen Kindern der Gruppe in den angrenzenden Park gegangen, sie hatten sich zu ihrem Lieblingsplatz unter der Kastanie begeben, sich hingehockt, gelauscht und sich über das lustige Knistern des Laubes unter den Füßen gefreut. Von unten schauten sie dann in die Baumkrone und sahen noch viele grüne Früchte an den Zweigen. Die Sonne schien durch das Blätterdach hindurch und zauberte leuchtende Streifen an den Stamm. Sie wechselten den Platz und schauten sich die Kastanie und die benachbarten Bäume aus einiger Entfernung an. Die Baumkronen leuchteten in der Sonne in den kräftigsten Farben. Katrin regte an, sich auch die Umrisse der Baumkronen genau anzuschauen. Die Kinder verglichen die Formen mit Dingen aus ihrer vertrauten Umgebung: »Der Baum dort sieht aus wie eine Eieruhr!«

Katrin macht jetzt den Vorschlag, die Wolle als »malende Fäden« zu benutzen. Sie verweist auf die Bleistifte, mit denen die Kinder einen Baum, wie sie ihn gestern gesehen haben, vorzeichnen könnten, um ihn dann mit den Fäden zu füllen. Sie zeigt den Kindern die Fläschchen mit Alleskleber und gibt den Hinweis, die Linien und Flächen am besten nach und nach einzustreichen.

Jonas beginnt, den Umriss eines Baumes mit dickem Stamm und runder Krone zu malen und schneidet anschließend kurze Wollfäden zurecht, die er später in die Krone hineinklebt. Tina legt die Fäden nicht, sondern knüllt sie zu lockeren Bündeln, die sie in einen phantastisch erscheinenden Umriss klebt. Katrin lobt ihre originelle Idee. Sina benutzt keinen Bleistift, sondern klebt direkt einen langen Faden zu einem Kreis, den sie mit Fäden unterschiedlicher Länge, Farbe und Struktur füllt. »Eine Kastanie«

> erklärt sie ihrer Nachbarin. Katrin gibt Hilfestellungen beim Kleben und schaltet sich in die Unterhaltung ein, als das Gespräch auf »ihren« Kastanienbaum kommt. Ob aus der Kastanienfrucht ein neuer Baum entstehen wird?
> Kein Bild eines Kindes gleicht dem eines anderen. Jonas hat zum Schluss die Idee, aus den Bäumen einen Wald zu machen. Katrin unterstützt ihn und verweist auf den freien Platz an der Wand neben der Garderobe. Nach und nach beenden die Kinder ihre Arbeiten und räumen die Materialien weg.
> Am nächsten Tag schauen sie sich ihre Werke noch einmal an und stellen sie auf einer großen Pappe zu einem Wald zusammen.

Die Erzieherinnen in den beiden Gruppen haben ähnliche Zielsetzungen: Sie möchten die Wahrnehmung der Kinder, besonders den Tastsinn und die Farbdifferenzierung fördern, den Kindern beim Kleben Schneiden und Fadenführen die Möglichkeit geben, ihre Feinmotorik weiterzuentwickeln und das Vorstellungsvermögen beim Bildlegen fördern. In ihren Methoden unterscheiden sich beide Angebote wesentlich:

Simone hat eine bestimmte Vorstellung von dem zu erstellenden Bild. Ihr Vorgehen ist am Produkt orientiert. Sie verzichtet darauf, den Kindern ein fertiges Modell zu präsentieren, macht aber eine relativ enge Vorgabe. Die Kinder stellen sich darauf ein und versuchen, sich an der Fremderwartung zu orientieren. Die Erzieherin gibt Anweisungen, achtet auf die genaue Einhaltung vorgegebener Schritte. Erklärungen und Hilfeleistungen bestimmen einen Großteil der Arbeit. Die Beanspruchung der Erzieherin ist recht hoch, da sie komplexe Arbeitsprozesse begleiten muss. Alle Kinder steuern innerhalb eines vorgegebenen Rahmens auf ein identisches Ziel hin.

☞ Simones Vorgehensweise kann insgesamt als eher *geschlossen* betrachtet werden. Geschlossene Formen des Gestaltens entsprechen oft dem traditionellen Basteln im Kindergarten. Eine Idee wird durch die Erzieherin vorgegeben, Material und Ziel sind vorbestimmt.

Ein *offeneres* methodisches Vorgehen wird in der Arbeitsweise Katrins deutlich: Ihre Rolle ist weniger belehrend, sie fördert Wahrnehmungsprozesse der Kinder und schafft neue Ausdrucksmöglichkeiten. Sie sorgt dafür, dass die Kinder Anhaltspunkte für ihr Schaffen bekommen, gibt Hilfestellungen Ideen zu realisieren. Sie fördert kreative Prozesse durch positive zuwendende Reaktionen. Im Bereich Gestalten gehen vom Material selbst vielfältige Impulse aus. Das Kind kann damit experimentieren und frei von vorgegebenen Inhalten Gestaltungsmöglichkeiten entwickeln. Im Beispiel erfolgte zwar eine thematische Vorgabe, die Erzieherin unterstützt jedoch individuelle Vorhaben. Indem sie Entscheidungshilfen gibt, aber grundsätzlich die Entscheidung des Kindes akzeptiert, wird dem Kind deutlich, dass die Verantwortung für das Werk bei ihm selbst liegt. Das Kind kann selbst entscheiden, wann das Werk fertig ist. Da das Vorgehen nicht arbeitsgleich organisiert ist, können unterschiedliche Leistungsniveaus besser berücksichtigt werden.

☞ Katrins methodisches Vorgehen ist *offen*.

Die aufgeführten Unterschiede werden nicht nur im Bereich Gestalten erkennbar, sondern lassen sich auf alle anderen Methoden der Kindergartenarbeit übertragen:

Im Bereich Bewegungserziehung macht es einen wesentlichen Unterschied, ob die Erzieherin die Kinder Bewegungen nachmachen lässt, indem sich z. B. alle Kinder auf den Stuhl, neben den Stuhl, hinter den Stuhl usw. stellen sollen, oder ob die Erzieherin die Bank zu einem reißenden Fluss werden lässt und die Gruppe überlegt, wie man wohl hinüber kommen könnte. Bei der Verklanglichung des Bilderbuches »Frederick« kann die Erzieherin vorgeben, dass ein Sonnenstrahl einem leichten Triangelschlag entspricht, sie kann aber auch die Kinder fragen und ausprobieren lassen, mit welchem Instrument man einen Sonnenstrahl machen könnte.

Die Vorgehensweise bei offen strukturierten Angeboten ist für Kinder besonders motivierend. Ihre Spontaneität, Bewegungsfreude und Anstrengungsbereitschaft sind Ausgangspunkt der pädagogischen Überlegungen. Sowohl bei der Vorplanung als auch bei der Durchführung werden eigene Wahl-, Entscheidungs- und Gestaltungsmöglichkeiten gegeben. Die Neugier der Kinder wird gefördert und sie bekommen Mut zu weiterer Tätigkeit.

Ein geschlossenes, enger führendes Vorgehen hat im Kindergartenalltag durchaus seine Berechtigung. Bei der Vermittlung einer neuen Technik oder Fertigkeit müssen geschlossenere Vermittlungsformen im Vordergrund stehen. Offenere Vorgehensweisen entsprechen jedoch eher den in unserer Zeit besonders wichtigen Erziehungszielen Selbständigkeit, Kreativität und Flexibilität.

2.3.11 Medien und Material bewusst einsetzen

Nicht nur die Erzieherin vermittelt den Kindern im Kindergarten etwas, Anschauungsobjekte, Bilder, Bücher oder Tonkassetten übernehmen ebenfalls Vermittlerfunktionen als *nichtpersonale Medien*. Medien verdeutlichen, intensivieren und verändern Inhalte. Sie können eine angestrebte Zielsetzung unterstützen – Intention der Erzieherin und die des Mediums müssen aber nicht automatisch übereinstimmen. Die inhaltliche Darstellung durch ein Medium kann ein- oder mehrdeutig sein, sie muss interpretiert werden. Die Erzieherin wählt ein Medium bewusst aus und plant es didaktisch ein. Das gewählte Medium sollte den Fähigkeiten der Kinder entsprechen, d.h. es muss geeignet sein, bestimmte Sachverhalte kindgemäß zu erschließen oder Informationen zu vermitteln.

Die Entscheidung der Erzieherin für ein bestimmtes Medium hat Folgen für den geplanten Verlauf eines Vorhabens. Es macht einen entscheidenden Unterschied, ob eine Geschichte frei erzählt, vorgelesen, anhand von Einzelbildern entwickelt oder als Verfilmung eines Rollenspieles gezeigt wird. Bei der didaktischen Analyse ist das Medium neben dem Material ein eigenes strukturbildendes Element.

Bilder, Geschichten oder kleine *Theaterstücke* fördern die Wahrnehmung der Kinder. Sie helfen der Erzieherin, Ausschnitte der Wirklichkeit zu zeigen, sie gemeinsam zu besprechen und zu deuten. Im sozialen und religiösen Bereich bieten sie Möglichkeiten des Miterlebens und der Identifikation, symbolische Darstellungsformen verschaffen einen ersten Zugang zu nicht selbst erfahrenen Wirklichkeiten. Die soziale und ethische Entwicklung wird stimuliert, indem dem Kind z. B. Verhaltensmodelle angeboten werden, die es in der Realität vielleicht nicht vorfindet.

Bilderbücher regen die Wahrnehmungs- und Assoziationsfähigkeit der Kinder an und fordern zur Stellungnahme heraus. Bei der Auswahl eines Bilderbuches berücksichtigt die Erzieherin Bildgestaltung, Sprache und Thematik. Bilderbücher können sowohl unter literarisch-ästhetischen als auch unter psychologisch-pädagogischen Gesichtspunkten beurteilt werden.

Als Mittel zur Förderung von Bildungsprozessen können Bilder und Texte produktive Denkprozesse auslösen und kreative Handlungen in Gang setzen. Vereinfachte Darstellungen in Sachbilderbüchern machen dem Kind die oft verwirrende Umwelt durchschaubar und regen kognitive Prozesse an. Bilderbücher ermuntern dazu, genau hinzuhören, zu vergleichen, sich zu erinnern, Neues in bisherige Erfahrungen einzuordnen.

Die Erzieherin prüft den *Gehalt* eines Bilderbuches vor dem Hintergrund der eigenen Zielsetzungen. Adressatenbezug und Funktionsgerechtheit werden ebenso beleuchtet wie die Gegenwartsbedeutung und Zukunftsbezug des Inhalts.

Reale Gegenstände sollten im Kindergarten einen höheren Stellenwert einnehmen als bildlich symbolische oder technische Mittler. Die in unserer Gesellschaft verbreiteten Medien gründen auf der akustischen und optischen Wahrnehmung. Reale Gegenstände können zusätzlich auch zu geruchlichen (olfaktorischen), geschmacklichen (gustatorischen) oder fühlbaren (taktilen) Vermittlern werden. Sie unterstützen die Kinder darin, sich ihre unmittelbare Umgebung durch eigene Erfahrung bewusst zu machen und erlauben eine ganzheitliche Wahrnehmung.

Audiovisuelle Medien (AV-Medien) sollten, wenn überhaupt, äußerst sparsam eingesetzt werden. Kindertagesstätten leisten dadurch einen Beitrag dazu, Kinder vor einer Reizüberflutung zu bewahren und sie nicht in die Rolle eines passiven Konsumenten zu drängen. Mit älteren Kindern einen eigenen Film zu drehen, Hörstücke zu produzieren oder aus einem Karton und einer selbst bemalten Papierrolle ein »Kinderkino« herzustellen kann allerdings eine besondere Herausforderung bedeuten, alternative Erfahrungen mit AV-Medien zu machen und kreative Prozesse in Gang zu setzen.

Interaktive Medien sind nicht neutral, sie besitzen eine Eigenwirkung, die nicht nur darin besteht, die Motivationen der Kinder zu wecken. In der aktuellen Debatte um den Einsatz von *Computern* in Kindertagesstätten wird die Eigenwirkung des PCs häufig ausgeblendet: Mitarbeiterinnen von Kindertagesstätten, die Kindern spielerisch den sinnvollen Umgang mit Computern vermitteln wollen und z. B. Kindern zwischen 3 und 6 Jahren für eine begrenzte Zeitspanne am Tag den Zugang zu Lernspielen (E-learning) ermöglichen, betonen, dass der PC für die Kinder ein Spielzeug darstelle wie andere auch. Vergessen wird dabei, dass der Umgang mit dem PC zu einer Spaltung in der Wahrnehmung des Kindes führt: Während Auge und Ohr auf das dargestellte Geschehen gerichtet sind und das Kind dort »eintaucht«, bleiben die übrigen Sinne mit dem Ort verbunden, an dem das Kind sich körperlich befindet. Es entsteht so eine Spaltung: Das Medium führt das Kind aus seiner direkt erlebbaren Wirklichkeit hinaus, es kann dort jedoch nicht »ganz« ankommen. Da bisher gesicherte Erkenntnisse fehlen, welche Folgen diese Spaltung für die Kinder hat, sollten Sinneserfahrungen mit realen Gegenständen und menschliche Begegnungen vorrangig sein.

Lernmittel haben als in der Kindergartenpädagogik eine lange Tradition. Fröbel entwickelte seine *Gaben* Ball, Kegel, Würfel, Säule, Holzwürfel und Längstäfelchen, weil die Kinder die Dinge in ihrer Umwelt nicht nur dem Augenschein nach, sondern auch in ihrem Wesen erfassen sollten. Maria Montessoris *Lernmaterialien* sprechen in vielfältiger Form die Sinne an: Verschieden große Zylinder, Gegenstände unterschiedlicher Form und Oberfläche werden eigenständig vom Kind betrachtet, ertastet, aufgereiht, zugeordnet usw. – das Kind bildet sich an ihnen.

Ausgewählte Spielmaterialien müssen spezifischen didaktischen Anforderungen genügen: Gesellschaftsspiele, Rollenspielmaterial, Material zur Verkehrserziehung, Puzzles, Lupen, Messbecher, Farb- und Formdominos, Orffsche Instrumente, Farben und Stifte, Knetmasse, oder Legematerial werden daraufhin überprüft, welche pädagogischen Absichten ihnen zugrunde liegen und inwieweit sie spezielle Lernbereiche sinnvoll ergänzen. *Material aus der Lebenswelt des Kindes* unterstützt die laufende inhaltliche Arbeit. Es darf nicht gefährlich sein und sollte keine Ängste auslösen. Kleidung, Kartons, ausrangierte technische Geräte, Steine, Kastanien, Muscheln, technische Geräte, Werkzeuge, Tücher, Federn, Äste haben für Kinder einen hohen Aufforderungscharakter, sie machen neugierig und sie bieten vielfältige Anreize, neue Einsatz- und Spielmöglichkeiten selbst zu entwickeln.

Eine Auflistung oder Klassifizierung aller im Kindergarten einsetzbaren *Spiel- und Übungsmaterialien* kann hier nicht erfolgen. Das formende Gestalten mit *Roh- und Naturmaterialien* wie Sand oder Ton sowie der Umgang mit Papier sind wichtige Grundpfeiler bei der Arbeit mit Material. Je älter das Kind wird, umso vielfältiger sind die Möglichkeiten, die das Material dem Kind bietet. Bei der Beurteilung von Materialien ist zu beachten, dass die Funktion eines Materials sich nicht aus dem Material an sich ergibt, sondern aus dem Gebrauch, der von ihm gemacht wird.

Traditionelle Bau-, Lege-, Falt-, Flecht- und Ausschneidearbeiten und freies Gestalten sind kein Gegensatz, sondern unterschiedliche Aspekte von Bildung. Freies Experimentieren allein genügt nicht, das Kind benötigt Techniken, um mehr aus dem Material zu machen. Manches entdeckt das Kind selbst, für Vieles benötigt es jedoch die Anleitung der Erzieherin. Die gezielte Beschäftigung mit Material kann als Übergang zwischen Spiel und Arbeit verstanden werden. Das Kind lernt unter Anleitung sorgfältig, geduldig und mit Vorüberlegung an Dinge heranzugehen.

Vor dem *Einsatz* von Medien und Materialien müssen Vorentscheidungen über den Zeitpunkt getroffen werden, zu dem das Medium/ Material eingesetzt werden soll. Zu früh eingesetzte Gegenstände können ablenken, sie sollten daher an einem Ort platziert werden, der einen Zugriff nach den Wünschen der Erzieherin ermöglicht. Auch die Art des Austeilens (durch die Erzieherin oder durch Kinder), die Kontrolle über die sachgerechte Verwendung und das Aufräumen sollten bei den planerischen Vorüberlegungen nicht vergessen werden.

Zusammenfassung

> Grundlage für die Bildungsarbeit im Kindergarten ist eine didaktische Analyse: Die *Bedingungen* der Arbeit werden systematisch erfasst, um didaktisch-methodische *Entscheidungen* zu treffen und zu begründen.
> Die Erzieherin nimmt das einzelne Kind, die Gruppe, die institutionellen Rahmenbedingungen und sich selbst bewusst wahr. Die Grundstruktur der praktischen Arbeit wird durch Ziele, Inhalte, Methoden und Medien Materialien bestimmt.

2.3.12 Arbeitshilfe: Leitfragen zur didaktischen Analyse

Arbeitshilfe: Leitfragen

Der gegliederte Fragebogen soll dabei helfen, wichtige Faktoren zu erfassen, die die Bildungsarbeit in der Praxis bestimmen. Es ist für eine Analyse nicht erforderlich, alle Fragen zu beantworten, jede Situation erfordert andere Fragen und Antworten. Der Fragebogen soll eher Anregungen, Denkanstösse für die Planung geben. Die genannten Aspekte können durch eigene Fragestellungen ergänzt werden.

Soziokulturelle Bedingungen
- Einzugsgebiet der Einrichtung, Umgebung (Industrie, großstädtisch/ländlich)
- Situation der Familien: z.B. alleinerziehende Mütter/Väter, Berufstätigkeit...
- Nachbarschaft, Kontaktmöglichkeiten zum sozialen Umfeld
- Trends der gesellschaftlichen Entwicklung, Wertvorstellungen, Bildungspolitik...

Das einzelne Kind
- Alter, Geschlecht, Familiensituation, soziale Herkunft, soziokultureller Hintergrund des Kindes...
- Seit wann ist das Kind in der Gruppe?
- Welche Bedürfnisse, Interessen, Wünsche, Motive, Träume und Phantasien hat das Kind?
- Welche Konflikte, Ängste und Sorgen hat das Kind?
- Welche Kompetenzen, welche Defizite hat das Kind?
- Worin besteht die Besonderheit dieses Kindes?
- Wie ist der psycho-physische Entwicklungsstand des Kindes?
- Welche Lernvoraussetzungen, Fähigkeiten, Fertigkeiten, Kenntnisse bringt das Kind mit?
- Welche Lebens- und Lernerfahrungen hat das Kind gemacht?
- Mit welchen Themen und Problemen ist das Kind in seiner Alltagswelt konfrontiert?
- Welche Rollen nimmt das Kind in der Gruppe ein?
- Wie ist seine Beziehung zu Einzelnen, zur Gesamtgruppe, zur Erzieherin?
- Welche Erfahrungen und Einstellungen hat das Kind bezüglich des Themas?

Die Erzieherin/die Praktikantin
- Lebensalter, Geschlecht, Soziokultureller Hintergrund, Schulbildung, Berufstätigkeit, Praxiserfahrung, Lerngeschichte, Lebenserfahrung...
- Welchen theoretischen Hintergrund habe ich? Welches Menschen- und Gesellschaftsbild prägt mich?
- Worin bestehen meine Ich-Kompetenz, Sachkompetenz oder Sozialkompetenz? Welche Stärken, welche Schwächen habe ich?
- Welche Gedanken, Gefühle, Phantasien, Träume, Erwartungen leiten mich?
- Welche Erwartungen, Vorstellungen, Anliegen und Ansprüche habe ich? Kann ich mich mit meinen Vorstellungen in die Arbeit einbringen?
- Welchen Erziehungsstil bevorzuge ich, welche Erziehungspraktiken wende ich an?
- Gibt es persönliche Vorlieben oder Abneigungen, die die Wahl eines Themas beeinflussen?
- Welche Vorerfahrungen und Einstellungen habe ich bezüglich des Themas?
- Kann ich meine Arbeit verantworten, vor mir selbst, dem Kind, den Eltern, den Mitarbeitern, vor anderen?

Die Gruppe
- Zusammensetzung der Gruppe: Anzahl der Kinder, Altersstruktur, Geschlechterverteilung, Zahl der Einzel-, Geschwisterkinder, Staatsangehörigkeit, behinderte Kinder…
- Bisherige Verweildauer in der Gruppe, tägliche Aufenthaltsdauer in der Gruppe
- Beziehungsgefüge der Gruppe: z.B. Beziehung Kind – Kind, Kind – Erzieherin, Kind – Kleingruppe, Kind – Gesamtgruppe, Kind – andere Mitarbeiter, Gruppenleiterin – Praktikantin
- Welche Rollen gibt es in der Gruppe?
- Welche Kontakte und Teilgruppen gibt es in der Gruppe? Gibt es Förder- oder Interessensgruppen?
- Gibt es eine bevorzugte Spiel- oder Raumaufteilung?
- Gruppenphasen: In welcher Phase befindet sich die Gruppe zur Zeit?
- Gruppengefühle: Wie stark fühlt sich die Gruppe zusammengehörig? Gibt es ein Wir-Gefühl?
- Welche Konflikte gibt es in der Gruppe? Wie geht die Gruppe mit Konflikten um?
- Welche Gruppenregeln gibt es?
- Gibt es besondere Interessen in der Gesamtgruppe?
- Welche Teilgruppen interessieren sich für welche Dinge/Themen?
- Ist es sinnvoller mit der Gesamtgruppe oder mit Teilgruppen zu arbeiten?

Institutionelle Voraussetzungen
- Träger, Größe der Einrichtung, Anzahl der Gruppen, Gruppenstärke, Aufnahmekapazität...
- Konzeption der Einrichtung (Aufgaben, Ziele), Wertorientierung des Trägers.
- Personelle Situation (Personalschlüssel).
- Öffnungs- und Arbeitszeit, Tagesstruktur.
- Lage, Bau und Ausstattung des Gruppenraumes (z.B. auch Licht-, Lärm- und andere Verhältnisse).
- Raumaufteilung, vorhandene Nebenräume, Möglichkeiten der flexiblen Nutzung oder Umgestaltung.
- Material (qualitativ und quantitativ).
- Lage, Größe und Ausstattung des Außengeländes
- Verfügung über Etatmittel (z.B. für Spiel- und Beschäftigungsmaterial, Elternarbeit...).
- Möglichkeiten der Zusammenarbeit mit anderen Gruppen, Eltern, Institutionen.
- Welche in der Institution vorgegebenen Traditionen und Ordnungen, Regeln, Absprachen sind zu berücksichtigen?

Ziele
- Was soll bei den Kindern erreicht werden?
- Welche allgemeinen Ziele sollten angestrebt werden, welche konkreten Erfahrungen soll das Kind machen?
- Welche Haltungen und Einstellungen sollen vermittelt werden?
- Welche psychomotorischen, emotionalen, sozialen und kognitiven Fähigkeiten sollen aufgebaut werden?
- Welche Bedeutung haben die Ziele für die Kinder?
- Entsprechen die gewählten Ziele dem Entwicklungsstand der Kinder?
- Wie lässt sich die Zielsetzung begründen?

Inhalte
- Entspricht das Thema den Interessen und Bedürfnissen der Kinder?
- Entspricht das Thema dem Entwicklungsstand der Kinder?
- Welche Inhalte, Probleme, Fragen werden durch das Thema angesprochen?
- Welche Handlungs- und Erfahrungsmöglichkeiten bietet der Inhalt?
- Mit welchen Verständnisschwierigkeiten ist möglicherweise zu rechnen?
- Wie ordnet sich das Thema in bereits behandelte Inhalte ein? Kann es weitergeführt werden?

- Welche thematische Schwerpunkte, welche inhaltliche Bereiche sollen ausgewählt werden?
- Welche Bedeutung hat der gewählte Inhalt bereits im Leben der Kinder?
- Welche Zukunftsbedeutung hat der Inhalt?
- Trägt der Inhalt dazu bei, die gesetzten Ziele zu erreichen?

Methoden
- Welche Methoden ermöglichen kindgemäßes Lernen?
- Mit welchen Methoden kann der Inhalt vereinfacht werden?
- Welche Möglichkeiten des Methodenwechsels gibt es?
- Mit welchen Methoden kann ich die Selbsttätigkeit der Kinder anregen?
- Welche Lehrverfahren und Aktionsformen (direkt/indirekt, darbietend/entdecken-lassend) bieten die besten Lernmöglichkeiten?
- Welche Sozialform (Einzelförderung, Teilgruppe, Gesamtgruppe) wähle ich?
- Wie ist der methodische Verlauf der geplanten Aktion, in welchen Schritten gehe ich vor?
- Wie führe ich die Kinder an den Inhalt heran, wie schließe ich das Vorhaben ab?
- An welchen Stellen sind Impulse, Fragen, Hinweise, Beispiele notwendig?
- Welche Methoden passen zum Inhalt und unterstützen die Zielsetzung?

Medien/Materialien
- Welche Medien/Materialien sind notwendig?
- Welche Medien/Materialien sind verfügbar? Was sollte beschafft oder hergestellt werden?
- Welche Medien/Materialien bieten kindgemäße Lern- und Erlebnismöglichkeiten?
- Welche Medien/Materialien passen zum Inhalt, zur Zielsetzung, zu den gewählten Methoden?
- Welche Vorerfahrungen haben die Kinder mit dem gewählten Medium/Material?

2.4 Geplante Aktivitäten

2.4.1 Planung und Spontaneität

Das Kindergartenleben von Kindern lässt sich nicht planen, wie man z. B. eine Reise plant. Im Spiel zeigen uns Kinder, in welchem Maße Ungeplantes den Tag bereichern kann. Die Erzieherin ergänzt *spontanes, intuitives Handeln durch pädagogisch konzipiertes Planen und Handeln*. Die planenden und kontrollierenden Überlegungen sind erforderlich, auch wenn die Situation selbst später spontanen Einsatz und Änderungen verlangt.

Schriftliche Ausarbeitungen sind Hilfen bei der Strukturierung des eigenen Vorgehens, sie helfen, die eigenen Bildungs- und Erziehungsziele nicht aus den Augen zu verlieren – sie machen Inhalte transparent. Zudem erleichtern sie die Kooperation im Team und unterstreichen die Professionalität des Erzieherinnenberufs.

Die Aufbereitung von Sachinhalten, das Setzen von Zielen, das Vorformulieren von Denkanstößen und das Vorplanen von Lernphasen ist eine mühsamer Arbeitsprozess, der die Grundlage für eine spätere kritische *Reflexion* bildet. In der *Ausbildung* zur Erzieherin werden die Grundlagen für die Bewältigung dieses Prozesses gelegt.

Die didaktische Analyse und die Entscheidung für Lernabfolgen, die für verschiedene Kinder der Gruppe gleichzeitig lernintensive Situationen schaffen, führen zur konkreten Planung von Einzelaktivitäten und umfassenderen didaktischen Einheiten. Der relativ hohe Planungsaufwand wird im Laufe der Berufspraxis geringer, da ein vielfältiges Methodenrepertoire auch spontan ein abwechslungsreiches Vorgehen erlaubt.

Damit angeleitete Aktivitäten nicht der Gefahr unterliegen, zu stark durch die Erzieherin dominiert zu werden, gehört es zur Vorplanung, von vornherein *Eigenaktivitätsphasen* einzubauen, in denen die Erzieherin den Kindern in höherem Maße die Initiative übergibt.

2.4.2 Die Einzelaktivität

Einzelaktivitäten ergeben sich aus der didaktischen Analyse und den daraus entwickelten didaktisch-methodischen Entscheidungen.
Eine *Planung* sollte folgende Gliederungspunkte enthalten:

- Name
- Name der Einrichtung
- Thema der Aktivität
- Sachanalyse (bei einer ausführlichen Planung)
- Angaben zur Gruppe
- Organisatorische Rahmenbedingungen
- Ziele
- Methodischer Verlauf
- Medien / Materialien
- Erläuterung didaktisch-methodischer Entscheidungen (bei einer ausführlichen Planung)
- Literatur
- Anhang

Das *Thema* der Aktivität wird möglichst aussagekräftig formuliert, und die möglichen Adressaten (z. B. Eltern) werden beachtet: »Fit für den Schulweg!« klingt anders als »Wir üben das Überqueren eines Fußgängerüberweges«.

Bereits an dieser Stelle kann die *Wahl des Themas* kurz *begründet* werden, indem seine Bedeutung für die Gruppe erläutert wird. Vielleicht hängt das Thema eng mit der Konzeption der Einrichtung zusammen, oder es ist für viele Kinder gerade aktuell.

In einer *Sachanalyse* erfolgt unter Berücksichtigung der Fachliteratur eine genauere Auseinandersetzung mit dem zu vermittelnden Inhalt. Es werden allgemeine Informationen zum gewählten Thema gegeben. Der Themenschwerpunkt wird didaktisch reduziert auf die beschriebene Zielgruppe abgestimmt.

Die *Angaben zur Gruppe* enthalten Informationen zur Form der Gruppe (Anzahl der Kinder, Altersmischung, Geschlechtsverteilung, Anteil ausländischer Kinder, Besonderheiten) und zur Aufteilung (Gesamtgruppe, Teilgruppe, Fördergruppe). *Charakteristische Merk-*

male der Gruppe (z. B. Untergruppen, Rollen, Gruppenphasen) können kurz zusammengefasst werden.

Eine Aktivität baut auf den *Lernvoraussetzungen* der Kinder auf, d.h. Kompetenzen oder Vorerfahrungen der Kinder bezüglich des Themas können hier beschrieben werden. Eine Auswahl von Kindern sollte begründet werden. Vielleicht gibt es eine Situation in einer Teilgruppe, an die die Aktivität anknüpft.

Einzelne Kinder, die während der Aktivität besonders beachtet werden, können genauer beschrieben werden. Werden die Pläne an die Ausbildungsstätte weitergeleitet, müssen aus Gründen des Datenschutzes die Namen der Kinder verändert bzw. anonymisiert werden.

Sinnvoll ergänzt wird die Gruppenbeschreibung durch Anmerkungen, wie sich die Erzieherin in ihrem *Verhalten* während der Aktivität auf die Gruppe und auf einzelne Kinder einstellen möchte.

Die *organisatorischen Rahmenbedingungen* werden genauer benannt, um deutlich zu machen, welche Bedingungen für die erfolgreiche Durchführung der Aktivität erfüllt sein müssen. Wichtige *Vorbereitungen* wie das Herstellen von Anschauungsobjekten oder das Besorgen von Medien erfolgen frühzeitig, andere Vorkehrungen wie z. B. das Abdecken von Arbeitsflächen werden direkt vor der Aktivität in der Einrichtung getroffen. Die zeitliche *Stellung der Aktivität im Tagesablauf*, die *Dauer* der Aktivität und die *Gestaltung des Raumes* müssen geklärt werden. Beleuchtung, Belüftung, Temperierung und Geräuschkulisse können die Atmosphäre entscheidend beeinflussen. Die Einteilung des Raumes und die gewünschte Sitzordnung können in einer Skizze dargestellt werden.

Bei den *Zielen* sollte der *Konkretheitsgrad* deutlich werden. Handelt es sich um Richt, Grob- oder Feinziele? *Feinziele* bestehen aus einem Inhalts- und einem Verhaltensteil: Wird in einer Aktivität z. B. als Thema »Lied: Der Katzentatzentanz« angegeben, kann das bedeuten, dass die Kinder das Lied singen, den Inhalt besprechen, es auswendig lernen, das Lied rhythmisch oder gestisch begleiten oder den Katzentatzentanz aufführen. Konkrete Feinziele benennen daher den *Inhalt* (z. B. das Lied »Der Katzentatzentanz«) und das *Verhalten* der Kinder (z. B. »Tiere pantomimisch darstellen«). Das Ziel lautet also: »Die Kinder stellen die im Lied ›Katzentatzentanz‹ vorkommenden Tiere pantomimisch dar.« Zusätzlich kann der jeweilige *Lernzielbereich* (hier: psychomotorisch) genannt werden, der durch das Ziel berührt wird.

Der *methodische Verlauf beschreibt das* schrittweise Vorgehen, die methodischen Schritte während der Aktivität. Der Ablauf ist auf die zuvor festgelegten Ziele und auf den Inhalt ausgerichtet.

Gezielte Angebote werden üblicherweise in eine Hinführungs-, eine Durchführungsphase und in eine Abschlussphase eingeteilt. In der *Hinführungsphase* erfolgt die Gruppenbildung, die Neugier der Kinder wird geweckt oder die Erzieherin knüpft an ein bereits bestehendes Interesse oder Bedürfnis der Kinder an. Die rein verbale Mitteilung über das Ziel der Aktivität reicht oft nicht, um die Kinder positiv erwartungsvoll zu stimmen. Unmittelbare Sinneswahrnehmung, die Aussicht auf praktisches Tun, ein besonderer Gegenstand, eine kurze Geschichte sind geeignet, die Kinder zum Mitmachen zu motivieren.

Der eigentliche *Durchführungsteil,* häufig die *Erarbeitungsphase,* unterscheidet sich methodisch deutlich von der Hinführung (Methodenwechsel). Der Durchführungsteil ist die längste Phase. Die wichtigsten Ziele sollen hier erreicht werden. Wesentliche Aspekte können im letzten Teil der Erarbeitungsphase vertieft werden.

In der *Abschlussphase* wird eine Eingangsfrage wieder aufgenommen, eine Figur aus der Hinführungsphase taucht wieder auf, eine Geschichte wird zu Ende geführt, das Ergebnis einer Aktivität wird besprochen, erstellte Produkte werden bewusst wahrgenommen, die Gruppe wird zu einem gemeinsamen Tun aufgefordert. Oft ist die Abschlussphase auch mit einem besonderen Erfolgserlebnis oder mit gemeinsam erlebter Entspannung verbunden. Die Abschlussphase kann auch der Sicherung des Gelernten dienen. Das gemeinsame Aufräumen muss nicht zum Ende der Aktivität erfolgen, sondern geschieht oft besser bereits zum Ende der Erarbeitungsphase. Die Abschlussphase rundet die Aktivität ab.

Für manche Angebote gibt es eine typische Abfolge von Schritten, die bei einer konkreten Planung allerdings noch weiter differenziert werden müssen.

*Durchführung einer praktischen Handlung,
Einführung einer Arbeitstechnik:*

- Betrachten des Materials, des Gegenstandes, der Arbeitsgeräte, des Anschauungsmaterials; eventuell die Kinder mit dem Material experimentieren lassen.
- Besprechen des Arbeitsziels, Demonstration eines Produktes, Darbietung eines Vorgangs.
- Erklären des Ablaufes. Hinweise zum Gebrauch von Werkzeugen und Material. Bei arbeitsteiligen Aktivitäten: Absprachen, wer welche Aufgaben übernimmt.
- Durchführen der weiteren Arbeitsschritte; Vormachen durch die Erzieherin, bei jüngeren Kindern weitere Erklärungen zu Beginn eines jeden Schrittes, Hilfen anbieten, Hinweise auf Besonderheiten, auf die geachtet werden muss.
- Ergebnisse zeigen und besprechen.
- Aufräumen des Arbeitsplatzes, Wegbringen des Materials und der Geräte.

*Erarbeitung eines Problems oder Aktivität zur Förderung
von kreativen Prozessen:*

- *Problemphase:* Aus einer Situation wird eine Fragestellung entwickelt, die für die Gruppe ein gemeinsames Problem darstellt. Sinnvoll ist auch eine Aufgabenstellung durch die Erzieherin, die die Kinder herausfordert, ohne sie zu überfordern und die den Kindern ausreichend Handlungsspielräume lässt.
- *Suchphase*: Es wird gesucht, mit Gedanken gespielt oder es werden Materialien und Lösungswege ausprobiert. Formulierungen der Erzieherin wie »Welche Ideen habt ihr?«, »Probiert aus, wie …«, »Welche Möglichkeiten…?«, »Findet Wege…« engen die Kinder wenig ein, es sind Impulse, die Entscheidungsspielräume öffnen und unterschiedliche Lösungen zulassen. Alle Äußerungen werden akzeptiert und nicht durch die Erzieherin bewertet. Durch gemeinsames Überlegen und Experimentieren wird ein Lernklima geschaffen, das den Kindern hilft, erfolgreich Problemlösungsstrategien aufzubauen.

- *Lösungsphase*: Ein Entdeckungsspielraum für erkundendes Handeln soll den Kindern das Erlebnis vermitteln, selbst etwas bewirken zu können und die Konsequenzen des eigenen Handelns zu erkennen. Es entstehen Lösungen, die formuliert oder anders sichtbar gemacht werden. Die Handlungsvoraussetzungen sind nicht für alle Kinder gleich. Schwierigkeits- und Anforderungsgrad von Situationen müssen variabel gestaltet werden und sich von Kindern verändern lassen.
- *Verwirklichungsphase*: Die schöpferischen Ideen werden realisiert, d.h. sie werden gemalt, gebaut, gespielt usw.
- *Reflexionsphase*: Die Erlebnisse und Ergebnisse werden mit den Kindern besprochen und ausgewertet. Sie können als Ausgangspunkte für neue Erfahrungen und Aufgabenstellungen genommen werden und geben der Erzieherin wichtige Rückmeldungen.

Medien und Materialien, die von den Kindern für die Aktivität benutzt werden, werden im Plan aufgelistet, damit sie rechtzeitig bereitgelegt und eingesetzt werden können.

Die *Erläuterung der didaktisch-methodischen Entscheidungen* enthält Aussagen über die Gründe, die zu den im Plan aufgeführten Zielen, Inhalten und Methoden und Organisationsformen geführt haben und erklärt bestimmte Vorgehensweisen der Erzieherin genauer. Die Bedeutung der genannten Ziele für die Gegenwart und die Zukunft der Kinder kann ebenso aufgedeckt werden wie die Bedeutung des Bildungsinhaltes für das Leben der Kinder. Welchen gefühlsmäßigen Zugang haben die Kinder zum Thema? Welche didaktischen Prinzipien wurden berücksichtigt? Aus welchen Gründen wurden bestimmte Medien ausgewählt? Wichtigster Bezugspunkt ist immer die Gruppe oder das einzelne Kind. Alternativ können Begründungen und Erklärungen auch fortlaufend im Plan erfolgen.

Ein *Literaturverzeichnis* verweist auf die schriftlichen Quellen. Auszüge aus Fachliteratur werden an den entsprechenden Stellen im Plan kenntlich gemacht. In einen *Anhang* zum Plan gehören Skizzen zur Raumaufteilung, Inhaltsangaben von Geschichten, Liedertexte und -melodien oder Bastelanleitungen.

Die folgenden Beispiele für Angebote, die von Praktikantinnen im Kindergarten entwickelt wurden, sollen die *Struktur* einer Vorplanung dokumentieren. Es geht um alltägliches, pädagogisch begründetes Handeln, nicht um eine besonders »herausgehobene« Bildungsarbeit:

Beispiel Bilderbuchbetrachtung

Name : ....
Klasse/Seminar: ....
Name der Einrichtung: ....
Anleiterin: ....
Thema der Aktivität: Bildbetrachtung: »Hilfe, es brennt!« (siehe Abb. 6)
  Begründung zur Wahl des Themas: Das Thema fügt sich in das Gesamtthema »Feuerstelle, Feuerglanz und Feuerwehr« ein, das zur Zeit mit der gesamten Gruppe behandelt wird. Die Kinder sind fasziniert von dem Ur-Element Feuer. In der didaktischen Einheit sollen aber auch die Gefahren des Feuers thematisiert werden. Die Bilderbuchbetrachtung dient der Vorbereitung des Besuches bei der Feuerwehr im Stadtteil. Das Thema unterstützt die gesetzlich vorgeschriebene Sicherheitsübung in unserem Kindergarten.

Angaben zur Gruppe:
- Gruppengröße und -zusammensetzung: Die Gesamtgruppe umfasst 23 Kinder, die Aktivität wird mit einer Teilgruppe von 8 Kindern durchgeführt.
- Altersgruppen: 4 Fünfjährige und 4 Sechsjährige.
- Geschlechterverteilung: 4 Mädchen, 4 Jungen.
- Besonderheiten: Es befindet sich ein Geschwisterpaar unterschiedlichen Alters in der Gruppe.
- Charakterisierung der Gruppe: Die Kinder der ausgewählten Gruppe besuchen seit 2 bzw. 3 Jahren den Kindergarten. Sie arbeiten interessiert am laufenden Thema mit und bringen eigene Ideen in die Gruppe ein. Drei der Jungen bilden im Freispiel regelmäßig eine Spielgruppe, P. spielt häufig für sich allein. Jungen und Mädchen spielen im Freispiel oft getrennt. Bilderbuchbetrachtungen finden in der Gruppe regelmäßig statt. Wenn die

Gruppe nicht zu groß ist, nehmen die Kinder aktiv teil, beschreiben die Bilder, stellen Fragen und nehmen Impulse der Erzieherin auf. Mit dem eigenen Beitrag zu warten, bis ein anderes Kind zu Ende gesprochen hat, klappt allerdings noch nicht immer.
- Konsequenzen für das Erzieherinnenverhalten: Die übliche Trennung von Jungen und Mädchen wird bei dieser Aktivität bewusst aufgehoben. Der Schwierigkeitsgrad des Bildes entspricht den Fähigkeiten von 5–6-Jährigen. Die ausgewählten Kinder verfügen über ein altersgemäßes Vorstellungsvermögen, so dass es voraussichtlich zu einer regen Beteiligung und einem intensiven Austausch der Kinder untereinander kommen wird. Die Bilderbuchbetrachtung erfordert eine hohe Aufmerksamkeit und Konzentration. Eine stärkere Altersmischung oder eine Erhöhung der Anzahl der Kinder würde voraussichtlich leicht zu Ablenkungen führen. Ich möchte darauf achten, dass alle Kinder während der Aktivität zu Wort kommen. Alle Kinder nehmen am morgigen Besuch bei der Feuerwehr teil.
- Beschreibung einzelner Kinder:
  - M. (6 Jahre, 2 Monate): M. gliedert sich gut in die Gesamtgruppe ein, sie hat ein großes Mitteilungsbedürfnis und verfügt bereits über einen differenzierten Wortschatz. Bei Gesprächen möchte sie of als erste an der Reihe sein. Einige Begriffe bezüglich der Feuerwehr werden für sie noch neu sein. M. freut sich auf die Schule. Bei neuen Anforderungen zeigt M. sich manchmal zunächst unsicher. M. interessiert sich besonders für verschiedene Formen des Gestaltens.
    ☞ Während der Aktivität werde ich darauf achten, dass sie sich frei äußern kann, aber auch die anderen zu Wort kommen und aussprechen lässt. Während der Abschussphase werde ich sie darin unterstützen, eigene Ideen zu entwickeln und umzusetzen.
  - J. (5 Jahre, 6 Monate): J. ist ein Junge türkischer Herkunft. Er verhält sich in der Gruppe hilfsbereit und rücksichtsvoll. Er beteiligt sich gern an Gesprächen und macht andere Kinder häufig auf kleine Dinge aufmerksam. Sein Wortschatz ist nicht so differenziert wie der der anderen Kinder. Er lässt

beim Sprechen manchmal die Artikel weg oder verwechselt sie.
  - ☞ Ich werde J. nicht direkt auf Fehler ansprechen, sondern ihn indirekt korrigieren, indem ich die Worte mit dem richtigen Artikel an anderer Stelle selbst benutze.
- P. (5 Jahre, 3 Monate): P. nimmt gern an Angeboten durch die Erzieherin teil. Es fällt ihm schwer, längere Zeit an einem Platz zu bleiben. Durch seinen Bewegungsdrang bringt er manchmal Unruhe in die Gruppe. Er benutzt Schimpfwörter, worauf andere Kinder in der Regel mit Ablehnung reagieren. Gegenüber Jüngeren versucht P. eine Führungsposition zu übernehmen.
  - ☞ Ich werde P. zu Beginn der Aktivität auffordern, sich neben mich zu setzen. Während der Aktivität werde ich ihn gezielt ansprechen, falls erforderlich, bekommt er eine besondere Aufgabe zugewiesen (z. B. das Herumzeigen des Bilderbuches).

Organisatorische Rahmenbedingungen
- Vorbereitungen: Den Feuerwehrhelm habe ich von der Feuerwehr als Anschauungsmittel zur Verfügung gestellt bekommen. Sitzteppiche für die Kinder sind im Raum vorhanden. Ich werde den Helm in die Mitte legen und mit Chiffon-Tüchern in den Farben des Feuers (gelb, rot, orange) bedecken. Für den Abschluss werden zwei Maltische für jeweils 4 Personen vorbereitet. Da die Kinder mit Buntstiften arbeiten, müssen sie keine Malkittel tragen.
- Stellung der Aktivität im Tagesablauf: Die Aktivität wird voraussichtlich um 9:30 beginnen. Die Kinder haben zuvor ausreichend Zeit für das Freispiel. Die Kinder sind zu diesem Zeitpunkt besonders aufnahmefähig und konzentriert. Im Anschluss an die Aktivität findet ein gemeinsames Frühstück in der Gruppe statt, daran schließt sich die zweite Freispielphase draußen an.
- Dauer: Die Gesamtdauer der Aktivität beträgt etwa 25 Minuten, die Hinführungsphase 5 Min., der Hauptteil 10 Min. und der Abschluss ebenfalls 10 Minuten.
- Raumgestaltung: Einführung und Hauptteil finden im Intensivraum statt, der Abschluss an den Maltischen im Gruppenraum.

Ich werde bei der Bildbetrachtung so sitzen, dass das Fensterlicht auf das Bild fällt. Die Kinder sitzen im Halbkreis auf Sitzkissen.

Medien / Material:
- gelb-, orange- und rotfarbige Chiffontücher,
- 8 Sitzteppiche,
- Feuerwehrhelm,
- Bild: »Hilfe es brennt!«
- Erzählball,
- Buntstifte, Papier, Malunterlagen.

Ich habe mich für den Einsatz dieses einzelnen Bildes aus dem Bilderbuch entschieden, weil es viele Details zum Thema Feuerwehr enthält. Da das ganze Geschehen auf einer Doppelseite abgebildet ist, hat jedes Kind die Möglichkeit, so lange und ausführlich die Seite anzuschauen. wie es möchte. Es ist für diese Gruppe von sieben bis acht Kindern groß genug und die Kinder können nach und nach immer mehr Einzelheiten entdecken. So sehen sie zuerst wahrscheinlich nur das Feuer und haben dann Zeit, ihren Blick schweifen zu lassen, um festzustellen, dass die Feuerwehrmänner mehr zu tun haben als zu löschen.

Ziele
- Die Kinder erkennen, dass die Feuerwehrleute viele verschiedene Aufgaben haben.
  Sie erklären z. B. dass Feuerwehrleute
  – mit dem Feuerwehrwagen fahren,
  – Schläuche ausrollen und anschließen müssen, damit das Wasser bis ans Feuer gelangt,
  – das Feuer mit dem Wasserschlauch löschen,
  – Menschen und Tiere aus brennenden Häusern befreien.
- Die Kinder benennen Gegenstände, die zur Feuerwehr gehören.
  Sie berichten z. B. dass Feuerwehrleute
  – einen Feuerwehrhelm tragen,
  – ein Sprungtuch für Menschen in Gefahr bereit halten,
  – Handlautsprecher für Durchsagen benutzen,
  – Atemschutzgeräte und Schutzanzüge tragen.

- Die Kinder nehmen im Gespräch Rücksicht aufeinander. Sie sind bereit,
  - aufmerksam zu sein und zuzuhören, wenn ein anderes Kind spricht,
  - einander aussprechen zu lassen und sich nicht über das, was ein anderer sagt, lustig zu machen.

Die ersten zwei genannten Ziele sind gerade in Bezug auf den anstehenden Feuerwehrbesuch von Bedeutung für die Kinder. Sie erfahren nähere Einzelheiten über die Arbeiten eines Feuerwehrmannes und werden angeregt, sich stärker mit dem Thema »Feuerwehr« auseinander zu setzen. Auf diese Weise erkennen sie, was für das Löschen eines Brandes alles nötig ist und wie die einzelnen Tätigkeiten miteinander verknüpft sind. Dadurch sind sie auf den Besuch vorbereitet und besitzen erste Vorkenntnisse.

Das letzte Ziel halte ich besonders wichtig für die angehenden Schulkinder. Die Kinder sollen lernen, abzuwarten, sich für kurze Zeit zurückzunehmen und das, was andere sagen, zu akzeptieren. Selbstverständlich sind die genannten Fähigkeiten auch in anderen Situationen von Bedeutung für die Kinder.

Methodischer Verlauf
- **Hinführung**
  Ich versammle die teilnehmenden Kinder vor dem Intensivraum und erzähle ihnen, dass ich gestern jemanden getroffen habe, der etwas für uns dagelassen hat. Wir betreten den Raum und die Kinder holen nacheinander die Sitzkissen und bilden einen Kreis um den mit den Tüchern verdeckten Gegenstand. Sobald alle sitzen, frage ich, welche Farben die Tücher haben und woran sie die Farben erinnern. Wenn die Kinder auf diese Weise bemerkt haben, dass der Gegenstand mit »Feuer« zu tun haben könnte, fordere ich zwei Kinder auf die Tücher zu entfernen. Wir betrachten gemeinsam den Feuerwehrhelm. Der Helm wird herumgegeben und jede/r der möchte, darf den Feuerwehrhelm anfassen und aufsetzen.
  Ich leite über zum Bild, indem ich sage, dass ich mit ihnen genauer schauen möchte, was die Feuerwehrmänner und -frauen eigentlich machen, wenn es irgendwo brennt.

- **Hauptteil**
  Ich erzähle, dass die Feuerwehrleute sofort losfahren, wenn jemand anruft und Bescheid sagt, wo ein Feuer ist. Erst jetzt öffne ich das Buch auf der entsprechenden Seite. Ich zeige das Bild herum und sage ihnen, dass sie sich das Bild zunächst genau anschauen sollten. Ich bitte die Kinder, das Geschehen zu beschreiben. Das erste Kind, das erzählen möchte, bekommt von mir den Erzählball. Ich fordere die Kinder auf herauszufinden, welche verschiedenen Aufgaben die vielen Feuerwehrmänner und -frauen zu erledigen haben. Die Kinder sind aus anderen Gesprächen gewohnt, den Erzählball an das Kind weiter zu reichen, das als nächstes etwas zeigen darf.
  Zur Unterstützung des Gespräches stelle ich gegebenenfalls folgende Fragen:
  – Was könnte geschehen sein, dass es jetzt brennt?
  – Was haben die Feuerwehrmänner an, die an der Tür stehen?
  – Woher kommt das Wasser zum Löschen?
  – Wie kommen die Feuerwehrleute in das brennende Haus?
  – Seht ihr den Jungen auf dem Bild? Wie mag es ihm gehen?
  – Wie mag es sich anfühlen, in ein Sprungtuch zu springen?
  – Was tun die anderen Feuerwehrleute?
  – Schaut euch die Kleidung der Feuerwehrleute mal genau an!
  – Was braucht der Feuerwehrmann oder die Feuerwehrfrau, um in das Haus zu kommen?
  – Hätte man den Brand vielleicht verhindern können?
  – Wenn du ein Feuerwehrmann wärest, welche Aufgabe würdest du gern übernehmen?

Ich achte darauf, dass die Tätigkeiten wie Feuer löschen, Personen und Tiere retten und versorgen, Schläuche ausrollen und anschließen, Menschen über das Megaphon warnen, Befehle geben, Einsatzort absperren, Feuerwehrwagen fahren, Geräte verteilen usw. benannt werden.
Zum Ende des Gespräches frage ich die Kinder, was wir tun können, damit der Feuerwehrmann seinen Helm zurück erhält. Wenn die Kinder vorschlagen, ihn zurückzubringen, teile ich ihnen mit,

Abb. 6: »Hilfe es brennt!« Aus: W. Metzger: Mit der Feuerwehr unterwegs.

Didaktik der Bildungsarbeit im Kindergarten **101**

Ravensburger Buchverlag Otto Maier GmbH, Ravensburg 1998.

dass wir das gleich am nächsten Tag machen können, wenn wir die Feuerwehr besuchen.
Die Kinder legen nacheinander die Sitzkissen zurück an ihren Platz.

- **Abschluss**
Zurück im Gruppenraum setzen sich die Kinder an die beiden vorbereiteten Maltische und malen, was sie besonders gern tun würden, wenn sie Feuerwehrmann oder Feuerwehrfrau wären. Ich gehe auf die Bilder ein, indem ich mit den einzelne Kinder über Einzelheiten spreche.
Wir räumen gemeinsam auf. Die Kinder legen die Bilder in ihre Fächer.

2.4.3 Die Lerneinheit

Lerneinheiten oder *didaktische Einheiten* sind die Gesamtheit von Einzelaktivitäten zu einem *Thema*. Das Thema wird aus der Gruppe heraus entwickelt oder ist im Bildungsauftrag des Kindergartens begründet. Es kann für eine Teilgruppe gedacht sein oder es kann kindergartenübergreifend angeboten werden. Das Thema einer didaktischen Einheit wird zwischen den Mitarbeiterinnen einer Gruppe und im Gesamtteam abgestimmt.

Mögliche Teilinhalte und Methoden zu einem übergeordneten Thema werden zunächst in einer *Stoffsammlung* zusammengetragen. Ein Brainstorming im Team kann zu einer wichtigen Quelle für interessante Ideen werden. Grundlage für das freie Gedankenspiel sind oft Kindheitserinnerungen oder besondere Erfahrungen in der Kindergartengruppe. Subjektive Assoziationen und die innere Struktur des Inhaltes, die in der *Sachanalyse* erfasst wird, sollten in Übereinstimmung gebracht werden.

Die Ziele des Vorhabens (Grobziele) werden auf der Grundlage der didaktischen Analyse festgelegt. Im Mittelpunkt der Analyse stehen die Kinder selbst. Vor dem Hintergrund der organisatorischen Rahmenbedingungen werden Entscheidungen über Teilinhalte und gegebenenfalls auch über Methoden und einzusetzende Medien getroffen. Die Lerneinheit sollte so aufgebaut sein, dass ein *Wechsel der Methoden* gesichert ist.

Der Aufbau einer Lerneinheit sollte einer inneren Logik folgen, d.h. er sollte in sich schlüssig sein, damit der Verlauf von anderen nachvollzogen werden kann. Die Schwerpunkte des methodischen Handelns werden beschrieben, eine detaillierte Beschreibung des Verlaufes wie in einem Einzelplan erfolgt hier jedoch nicht. Die einzelnen Aktivitäten werden am besten in einer Übersicht dargestellt. Wichtige didaktische Entscheidungen können zusätzlich genauer erläutert werden.

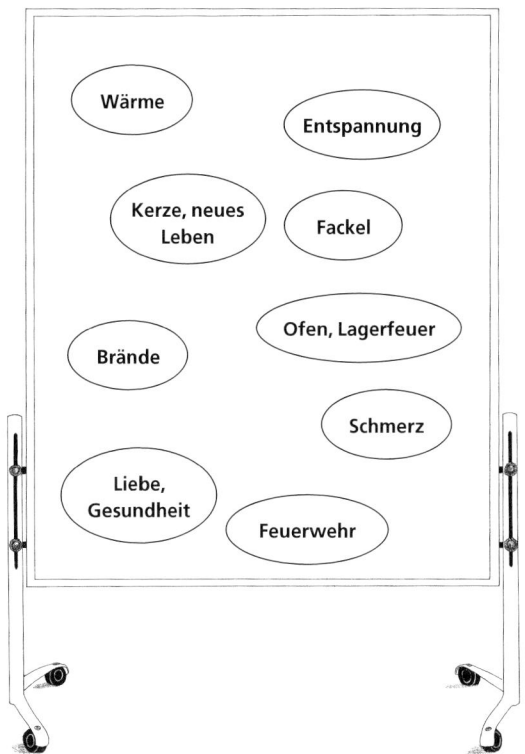

Abb. 7: Brainstorming zu »Feuer«

Beispiel einer Lerneinheit

Thema
Feuerstelle, Feuerglanz und Feuerwehr

Angaben zur Gruppe
Kindergartengruppe im Alter von 3 – 6 Jahren.
Anzahl der Kinder: 23.
Anteil Mädchen: 12, Anteil Jungen: 11
3-Jährige: 3
4-Jährige: 5
5-Jährige: 7
6-Jährige: 8

Begründung zur Wahl des Themas
Der sichere Umgang mit den Gefahren des Feuers und das Verhalten im Brandfall sind Teil der Brandschutzerziehung im Elementarbereich. Da eine ganzheitliche Erfassung des Themas angestrebt wird, geht es nicht nur um die Gefahrenabwehr, sondern das Element Feuer soll von den Kindern auch bewusst erlebt werden können.

Stoffsammlung
Mögliche Inhalte und Methoden

- Kerzenfeuer betrachten
- Brandschutzerziehung
- Feuer im Papierkorb
- Experiment: Was brennt?
- Laterne aus Seidenpapier
- Feuerwehrhelm gestalten
- Geschichte vom Zündelfritz (von Julius Kreis)
- Wie löscht man Feuer?
- Feueralarm üben
- Besuch bei der Feuerwehr
- Feuermusik (selbst gemacht)
- Stockbrot
- Feuerstelle anlegen
- Feuertanz
- Geschichte: Feuerfee und Flammenkobold
- Bratapfel backen
- Feuersuppe kochen
- Das Feuer hören
- Gedicht: Die Feuerwehr
- Feuerwörter
- Feuerwehrmann, -frau als Beruf
- Bilderbuch: Bei unserer Feuerwehr

Sachanalyse
Feuer ist ein lebenserhaltendes Element, es gibt Licht im Dunkeln, schützt vor Kälte, ist nötig zum Zubereiten von Nahrung. Es ist eine Urerfahrung, Feuer zu erleben und das Risiko zu kontrollieren, das von ihm ausgeht.

Da Kinder gern mit Feuer spielen und experimentieren, bedarf dieses Thema der besonderen Aufmerksamkeit der Sorgeberechtigten und der Erzieherinnen. Abschreckung, Verbote oder angsteinflößende Erziehung provozieren nicht selten unsachgemäße Versuche mit Feuer im verborgenen Raum. Kinder sollten besser Schritt für Schritt das richtige Verhalten am offenen Feuer und den Umgang damit einüben.

Das Feuer der Kerze ist den meisten Kindern vertraut, es kann vergleichsweise einfach kontrolliert werden und bietet viele Möglichkeiten, die Wahrnehmung der Kinder gezielt zu fördern. Eine brennende Kerze auf dem Tisch stellt für die Gruppe einen Mittelpunkt her, fordert zum genauen Hinschauen heraus.

Es gehört zu den Erkenntnissen der Brandschutzerziehung, dass Kinder im Kindergartenalter im Brandfall oft versuchen, sich vor dem Feuer zu verstecken und ihnen bekannte Plätze aufsuchen (z. B. ein Bett). Es ist wichtig, ihnen zu vermitteln, das sie den Brandort verlassen und Erwachsene um Hilfe bitten. Wenn Flammen noch klein sind, lassen sie sich löschen, indem man Wasser auf die brennende Stelle gießt oder eine Wolldecke darüber wirft. Kinder sollten Verhaltensweisen üben, die im Notfall wichtig sind. Dazu gehört, dass sie wissen, dass es im Brandfall wichtig ist, Fenster und Türen zu schließen und das Zimmer nicht wieder allein zu betreten. Die Notrufnummer 112 sollte den älteren Kindergartenkindern bekannt sein, sie sollten lernen, das Telefon zu bedienen und diese Telefonnummer zu wählen.

Ziele des Gesamtvorhabens (Grobziele)
Die Kinder lernen Eigenschaften des Feuers kennen und nehmen sie bewusst wahr. Sie erleben Feuer als Wärmespender, Lichtquelle, als Mittelpunkt einer Gemeinschaft. Sie erkennen aber auch die Gefahren, die vom Feuer ausgehen und schützen sich und ihre Umwelt durch einen sorgsamen und sachgerechten Umgang mit Feuer. Sie

lernen die Arbeit der Feuerwehr kennen und beherrschen Verhaltensregeln bei Feuerausbruch.

Rahmenbedingungen
Als Ort für die Feuerstelle eignet sich ein gepflasterter Platz hinter dem Kindergarten. Die Feuerstelle wird mit Steinen kreisförmig markiert. Eine Erlaubnis beim Träger zum Einrichten der Feuerstelle wird eingeholt.

Der Verlauf des Besuches bei der Feuerwehr wird genau mit dem für die Betreuung der Kinder beauftragten Feuerwehrmann abgesprochen. Die Eltern werden über alle Aktivitäten in einem Elternbrief informiert.

Erläuterung der didaktisch-methodischen Entscheidungen
Das offene Feuer erfordert bestimmte Vorbereitungen und Sicherheitsmaßnahmen:

Die Feuerstelle muss mit Steinen abgesichert werden. Damit das Feuer gut brennt, werden die Steine nicht zu eng aufeinander gelegt. Zwischenräume sorgen für ausreichende Luftzufuhr. Zunächst wird ein Stück Papier locker zusammengeknüllt und in die Mitte der Feuerstelle gelegt. Kleine, trockene Zweige werden wie ein Zelt um das Papierknäuel aufgestellt. Als nächstes werden mehrere Schichten aus immer größeren Zweigen, Ästen und Holzscheiten gegeneinandergelehnt und miteinander verkeilt. Für die äußeren Schichten sind besonders die Hölzer von Linde, Birke, Erle, Pappel und Weide geeignet. Entzündet wird das Feuer unten, wo Papier und dürre Hölzer liegen. Das Entzünden geschieht durch die Erzieherin, die Kinder schauen zu. Ein Stück Papier wird zusammengerollt, an einer Seite angezündet und bis zur Mitte geschoben.

Die Kinder müssen einen ausreichenden Abstand zur Feuerstelle einhalten. Die Erzieherin und die Kinder müssen beobachten, in welche Richtung der Wind die Funken treibt. Dort darf man sich nicht aufhalten. Die Bekleidung muss so gewählt werden, dass keine Kleidungsstücke oder Materialien Feuer fangen können. Kleider mit herabhängenden Ärmeln oder Tücher sollten vermieden werden, lange Haare sollten zusammengebunden werden. Wasser zum Löschen wird bereitgestellt. Die Erzieherin sollte nicht vergessen,

Erste-Hilfe-Material mitzunehmen (z. B. Sanitätstasche nach DIN 13160).

Nach den Aktivitäten an der Feuerstelle muss das Feuer unbedingt gelöscht werden. Dazu dient entweder Wasser, oder man schaufelt so viel Sand über die Feuerstelle, bis das Feuer erstickt. Die Kinder können dabei helfen.

Sitzen die Kinder an der Feuerstelle, kann das Feuer genau beobachtet und beschrieben werden: Die Erzieherin gibt sprachliche Anregungen, sie hilft den Kindern zu beschreiben, wie die Flammen aufleuchten, lodern, wie rote, bewegte Feuerflammenschlangen miteinander tanzen, wie das Holz langsam verbrennt, verkohlt, wie kleine Flämmchen am verkohlten Holz entlangzüngeln und verglühen.

Rauch oder Qualm sollen nicht eingeatmet werden. Wenn unbehandeltes Holz verbrannt wird, können Kinder jedoch den feinen, würzigen Geruch des Holzes schnuppern. Nadelholz riecht z. B. angenehm nach Harz.

Die Erzieherin gibt außerdem Anregungen genau hinzuhören: Das Knistern, Knacken, Prasseln, Tosen, Pfeifen und die vielen anderen Geräusche, die das Feuer die ganze Zeit über macht, sollen nicht untergehen. Die Kinder sollen sich später daran erinnern und z. B. das leise Knistern des Feuers durch Fingerkrabbeln auf dem Fell der Trommel nachempfinden. Das Prasseln kann durch das Auf und Ab von Rasseln auf den Klangstäben eines Xylophons ausgedrückt werden und das Knacken des Holzfeuers durch unregelmäßiges Klopfen auf einer Röhrentrommel.

Das kleine Kerzenfeuer bietet ebenfalls Anlass, genau hinzuschauen. Die Erzieherin hilft den Kindern durch gezielte Fragen, Worte für das Geschaute zu finden: Die Kinder können darauf aufmerksam gemacht werden, wie die Flamme sich am Kerzendocht bildet, wie sie sich dort festhält. Das Wachs wird flüssig und wird nach und nach weniger. Die Flamme hat an der Spitze eine andere Farbe als weiter unten. Nahe am Docht ist sie fast bläulich. Auch die Bewegung der Flamme kann beschrieben werden: Sie kann sich lang und spitz in die Höhe recken oder sich klein zusammenziehen. Bei Luftzug flackert das Licht und wenn die Kerze ausgeblasen wird, glimmt der Docht noch weiter, und eine dünne Rauchfahne schlängelt sich in die Höhe und löst sich schließlich auf.

	Kindergruppe	Lernbereich/ Thema	Ziele die Kinder...	Methodischer Verlauf H: Hinführung, D: Durchführung, A: Abschluß	Weitere Angebote (z.B. während des Freispieles)
1. Tag Nach dem Freispiel/ ca. 90 min	2 x eine Teilgruppe	**Feuerstelle** Natur- und Sachbegegnung: Stockbrot zubereiten an der Feuerstelle.	... beschreiben, wie das Feuer aussieht (Farben, Formen von Flammen, Rauch und Glut) und welche Geräusche (Knistern, Prasseln, Zischen) es macht. ... prüfen die Beschaffenheit des Stockbrotes, ... freuen sich an dem gemeinsamen Erlebnis.	H: Geschicht von Feuerfee und Feuerkobold, D: Feuer an der Feuerstelle machen, A: Gemeinsames Essen am Feuer	Herstellen des Feuerschmucks für den Feuertanz
2. Tag Nach dem Freispiel/ ca. 30 min	Gesamtgruppe	Musikalischrhythmische Erziehung: Wir tanzen einen Feuertanz	... tanzen den Feuertanz ... finden Bewegungen heraus, die eine Flamme macht ... machen Bewegungen der Flammen des Feuers nach	H: Verkleiden mit »Feuerschmuck«, D: Einüben des Feuertanzliedes und Tanzen des Feuertanzes am Feuer. A: Löschen des Feuers, etwas verkohltes Holz aufheben.	Frühstück mit Bratapfel vor der Aktivität: Anzünden des Feuers an der Feuerstelle
3. Tag Nach dem Freispiel/ ca. 20 min	2 x eine Teilgruppe	Musikerziehung: Feuer-Klangspiele.	... erzeugen mit Instrumenten Klänge, die den Geräuschen eines Feuers ähneln, ... unterscheiden Klänge und ordnen Instrumenten zu, ... nehmen aufeinander Rücksicht, indem sie leise sind, wenn ein Kind ein Geräusch vormacht.	H: Erinnerung an Feuergeräusche. D: Experimentieren mit Orff-Musikinstrumenten, »Feuergeräusche« nachmachen. A: Kleine Feuergeschichte (Feuerfee und Feuerkobold) mit Instrumentalbegleitung.	Am Feuerholz riechen.

4. Tag Nach dem Freispiel/ ca. 20 min	2 × eine Teilgruppe	**Feuerglanz** Stilleübung: Betrachten eines Kerzenfeuers.	… nehmen das Licht und die Wärme des Kerzenfeuers bewusst wahr … beschreiben Farben der Kerzenflamme … sind bereit sich während der Betrachtung des Feuers ruhig zu verhalten.	H: Anzünden der Kerze, Gespräch. D: Betrachten der Kerzenflamme im Ruheraum, Kerzen-Meditation. A: Flammenspiel, Feuer und Wind.	Flackerndes Feuerbild (Tischlaterne mit Teelicht; Bunte Flammen auf weißes Transparentpapier).
5. Tag Nach dem Freispiel/ ca. 25 min	2 × eine Teilgruppe	Gestalten: Gestalten eines Feuerbildes.	… nennen Farben des Feuers … verwischen die Farben, so dass Farbübergänge entstehen.	H: Gespräch über Feuer. D: Herstellen von Feuerbildern mit Ölkreide. A: Betrachten und Aufhängen der Bilder.	Als Vorbereitung auf die Aktivität: Mit den Kindern Stifte nach Feuerfarben sortieren.
6. Tag Nach dem Freispiel/ ca. 20 min	Gesamtgruppe	**Feuerwehr** Spielerunde: Feuerspiele	… beschreiben Aufgaben der Feuerwehr … führen vorgegebene Bewegungen (sich hinhocken, sich Rücken an Rücken stellen, sich hinlegen) aus … erfinden eigene Bewegungen zu vorgegebenen Begriffen und zu dem Gedicht und setzen sie um.	H: Gedicht: Die Feuerwehr, kurzes Gespräch. D: Spiele: 1. Feuerwehrspiel, 2. Das Feuerwehrspiel, 3. Feuer, Wasser, Eis. A: Vortragen des Gedichtes, Bewegungen dazu erfinden und umsetzen.	Spiel auf dem Bauteppich mit Feuerwehrauto und Feuerwehrfiguren
7. Tag Nach dem Freispiel/ ca. 35 min	2 × eine Teilgruppe	Experimentieren: Was brennt, was brennt nicht	… halten eine Sicherheitsabstand zum Feuer ein … unterscheiden Gegenstände die leicht brennen, von solchen, die schwer entflammbar sind … erkennen die Gefahr, die darin besteht, wenn leicht entflammbare Gegenstände in der Nähe einer Flamme liegen.	H: Anzünden des Feuers an der Feuerstelle, Verhaltensrichtlinien erarbeiten D: Ausprobieren, was brennt, Gespräch über Gefahren durch leicht entflammbare Gegenstände. A: Bilder von Materialien auf Plakate kleben.	Fingerspiel: Von den 5 Kindern

Kinder-gruppe	Lernbereich/Thema	Ziele die Kinder...	Methodischer Verlauf **H**: Hinführung, **D**: Durchführung, **A**: Abschluß	Weitere Angebote
8. Tag Nach dem Freispiel/ ca. 20 min	2 × eine Teilgruppe	Gesprächsrunde: Verhalten bei Feuerausbruch.	... beschreiben richtiges Verhalten bei Feuerausbruch (Tür und Fenster schließen, den Raum verlassen, Erwachsene rufen, auf die Feuerwehr warten) ... nennen die Notrufnummer ... sind bereit, im Falle eines Feuers Erwachsene zu Hilfe zu holen.	**H**: Fingerspiel: Von den 5 Kindern. **D**: Austausch von Erfahrungen mit Feuer **A**: Kurzes Rollenspiel im Stuhlkreis: Verhalten bei Feuerausbruch.	Basteln eines Kinderfeuerwehrhelmes
9. Tag Nach dem Freispiel/ ca. 20 min	Teilgruppe (ältere Kinder)	Bildbetrachtung: »Hilfe, es brennt«.	... erkennen, dass die Feuerwehrleute viele verschiedene Aufgaben haben ... benennen Gegenstände, die zur Feuerwehr gehören ... nehmen im Gespräch Rücksicht aufeinander.	**H**: Betrachten eines Feuerwehrhelmes **D**: Besprechung des Bildes aus dem Bilderbuch **A**: Feuerwehrbild malen, Ankündigung des Besuches bei der Feuerwehr.	
10. Tag Nach dem Frühstück/ ca. 2 Std.	Teilgruppe (ältere Kinder)	Exkursion: Besuch der Feuerwehr.	... entwickeln Vertrauen gegenüber den Menschen bei der Feuerwehr ... zeigen, wie sie sich verhalten, wenn Feuer ausbricht.	**H**: Vorinformation im Stuhlkreis, Busfahrt zur Feuerwehr **D**: Vorstellung der Feuerwehrmänner, Erkundung eines Feuerwehrautos, Zuschauen bei einer Löschaktion auf dem Hof der Feuerwehr, kurzes Rollenspiel: Verhalten bei Feuerausbruch. **A**: Rückfahrt im Feuerwehrauto zur Kita.	

Tab. 8: Übersicht in Tabellenform über die geplanten Aktivitäten

Die Kinder sollen selbst die Erfahrung machen, wie Materialien verbrennen oder schmelzen. Sie werden dabei auf Gefahren aufmerksam gemacht und erleben, wie leicht einige Materialien Feuer fangen können. Der Kontakt mit der Feuerwehr soll eventuell bestehende Ängste beseitigen und im Notfall dazu beitragen, dass sich Kinder den Männern und Frauen der Feuerwehr anvertrauen. Ein Feuerwehrmann wird den Kindern von seiner Arbeit erzählen und ihnen Helm, Wasserspritzpumpe und Wasserschlauch genauer zeigen.

Literaturangaben
Bausteine Kindergarten 04/2000. Metzger, Wolfgang: Bei unserer Feuerwehr. Ravensburg 1998. Metzger, Wolfgang: Mit der Feuerwehr unterwegs. Ravensburg 1998. Walter, Gisela: Feuer. Die Elemente im Kindergartenalltag. Freiburg i.B. 1993.

Anhang
- **Die Geschichte von Feuerfee und Flammenkobold**
  Die kleine Feuerfee und der kleine Flammenkobold sind Freunde. Wenn sie sich treffen, haben sie viel Spaß miteinander. Am liebsten spielen sie Feuerspiele auf ihrem Feuerspielplatz.
  Auch heute wollen sie wieder ein herrlich großes Feuer machen. Sie sammeln trockene Tannenzapfen und Zweige. Der Flammenkobold schleppt auch einige große Äste herbei. Dann schichten die beiden das Feuerholz auf. Als sie damit fertig sind, schnippt die Feuerfee mit den Fingern, und ein kleiner Feuerfunken springt in die Mitte des aufgebauten Holzstoßes.
  Ein kleines Flämmchen zuckt auf und entzündet die dünnen Zweige. Es knistert leise. Dann springen die Flammen auf die Tannenzapfen über, und das Knistern und Knacken wird lauter. Die Funken sprühen. Jetzt werden die Flammen immer größer. Die Zweige fangen Feuer. Das Feuer prasselt und tobt. Die Flammen züngeln um die großen Äste und wollen sie entzünden. Als der kleine Flammenkobold das sieht, klatscht er begeistert in die Hände, und Stichflammen lodern auf. Das Feuer tobt, und die Flammen springen wild im Kreis.
  Jetzt fassen sich die kleine Feuerfee und der kleine Flammenkobold an den Händen und tanzen um ihr Feuerspiel. Die Flammen

tanzen mit und drehen und verbeugen sich, hüpfen in die Höhe und schlängeln um Zweige und Äste. Das ist ein Drehen und Springen, ein Auf und Ab und Hin und Her. Die kleine Feuerfee und der kleine Flammenkobold springen und tanzen mit den Flammen um die Wette. Jeder will wilder und schneller sein.

Langsam wird das Feuer wieder kleiner. Die Flammen ziehen sich zurück, tänzeln und schlängeln um die verkohlten Äste, die in der Mitte der Feuerstelle zusammengefallen sind. Zum Schluß züngeln nur noch ein paar kleine Flämmchen sanft um die letzten Holzreste, dann ein Glimmen, und schließlich ist das Feuer aus. Ein dünner Rauch steigt in die Luft. Die kleine Feuerfee und der kleine Flammenkobold sind ganz außer Atem gekommen vor Tanzen und Hüpfen. Jetzt bleiben sie auch stehen und schauen der kleinen Rauchwolke nach, die sich langsam in Luft auflöst. Die beiden Freunde verabschieden sich. »Morgen machen wir wieder ein Feuer!« sagt die kleine Feuerfee. »Und wir tanzen wieder einen wilden Flammentanz!« sagt der kleine Flammenkobold. Dann dreht sich jeder dreimal im Kreis, klatscht in die Hände – und ist verschwunden.

(Aus: Gisela Walter: Die Elemente im Kindergartenalltag. Verlag Herder, Freiburg, 10. Auflage 2002)

- **Herstellen von Feuerschmuck**

Die Kinder bemalen ihre Gesichter und Hände mit *Schminke* in den Feuerfarben.

Kostüme werden aus selbstgefärbten Mullwindeln gefertigt. Jeweils zwei gefärbte Tücher werden deckungsgleich aufeinandergelegt und mit Klammern fixiert. Flammen aus Seidenpapier können zusätzlich auf den Stoff geklebt werden. *Feuerhüte:* Tonpapier wird zu einem Spitzhut zusammengerollt und geklebt. Bunte Krepppapierstreifen werden an der Spitze angebracht. (Für den Tanz am offenen Feuer sollte auf Seiden- und Krepppapier verzichtet werden)

- **Der Feuertanz**

Findet der Tanz an einer offenen Feuerstelle statt, werden Markierungen aufgeklebt, die anzeigen, wie weit sich die Kinder dem Feuer nähern dürfen. Die Kinder stellen sich im Kreis auf, fassen sich an den Händen und gehen 3 Schritte vor. Dabei stampfen sie mit einem Fuß und fallen in den Sprechgesang der Vortänzerin ein: »Oh ohlele«. Der Gesang und das Stampfen erfolgen abwechselnd laut oder leise. Bei »Amassa, massa, massa« machen alle einen Schritt in den Kreis und wippen in den Knien. Dann knien alle hin und streichen mit der Hand über den Boden. Um die Geister des Feuers zu wecken, treten alle abwechselnd mit dem rechten und linken Bein fest auf: »Lu Lulumba, Lu Lulumba!« Alle gehen wieder weiter im Kreis: »Oh ohlele« und werden dabei immer leiser. Die Kinder können weitere Bewegungen und Textzeilen ergänzen: z. B. »Eh badu, eh badu« Arme strecken – Auflodern des Feuers, in die Hocke gehen – das Feuer wird kleiner. . .

- **Stockbrote**
Zutaten: 1 kg Mehl, 1 Päckchen Trockenhefe, 2 Teelöffel Salz, 500 ml Wasser, 1 Esslöffel Öl. Alles gut miteinander vermengen. Den Hefeteig an einem windstillen, warmen Ort gehen lassen, bis sich sein Volumen etwa verdoppelt hat (ca. 1 Std.). Daraus formt man kleine Klöße (etwa 10 Stück), die dann zu langen Würsten gerollt werden. Jede Wurst schlangenförmig um einen angespitzten Stock wickeln und so lange über dem Feuer (nicht hineinhalten!) drehen, bis die Brote gar sind.

- **Gedicht: Die Feuerwehr**
Was braust dort wie ein Sturm daher?
Die Feuerwehr! Die Feuerwehr!
Und alles stürzt und ruft und rennt:
Zurück! Zurück! Es brennt, es brennt!
Platz da! Platz da!
Das Pflaster dröhnt, die Glocke schrillt,
Und um die Ecke donnert's wild.
Aus hundert Kehlen hallt's: Hurra!
Die Hilfe naht, schon sind sie da!
Platz da! Platz da!
Und schlägt die Flamme Himmelhoch,
Die Feuerwehr bezwingt sie doch.
Trotz Feuerbrand und Ruß und Rauch
Die Leiter hoch! Her mit dem Schlauch!
Platz da!
Es zischt der Strahl, es faucht der Dampf,

Ein letztes Glühn, ein letzter Kampf. –
Vorbei? Nun brennt kein Fünkchen mehr!
Hut ab und »Hoch die Feuerwehr?«
Platz da!
Adolf Holst.

- **Feuerwehrhelm**
  Material: 1 Pappstreifen, ca. 2 cm breit, Länge etwas mehr als Kopfumfang. Gelbes Krepppapier, ca. 18 cm breit, Länge wie Kopfumfang. Klebstoff, Büroklammern, Schere, Faden, Zackenschere, Stoffreste.
  Anleitung: Das zugeschnittene Krepppapier an den Pappstreifen kleben oder mit Heftklammern anheften. Die Kanten umschlagen und zum Kreis zusammenführen. Die Enden übereinanderschlagen und mit Büroklammern feststecken. Das Krepppapier oben zusammenfassen und mit einem Faden abbinden (wie eine Tüte). Die Büroklammern lösen und die Tüte umstülpen (der Faden ist jetzt innen). Den Helm an den Kopf anpassen und an den Kanten verkleben. Der mit der Zackenschere zugeschnittene Stoffrest dient als »Nackenschutz« und wird zum Schluss an der Kante angeheftet.

- **Flammenspiel**
  Ein Kind stellt eine Kerze dar, ein anderes stellt sich gegenüber und ist der Wind. Die Flamme wird mit leichtem Hauch oder mit heftigem Blasen zum Flackern gebracht (ohne Berührung und ohne Sprechen). Bei Windstille kann sich die Flamme wieder aufrichten. Variante: Das Flammen-Kind schließt die Augen.

- **Feuerwehrmann, Feuerwehrmann**
  In Anlehnung an das Spiel »Fischer, Fischer…« braucht man ein Kind, das den Feuerwehrmann spielt, während die übrigen Kinder ihm in einigen Metern Abstand gegenüber stehen. Der Feuerwehrmann hat die Aufgabe, die anderen Kinder zu fangen, die dadurch auch zu Feuerwehrmännern werden. Die Kinder rufen: »Feuerwehrmann, Feuerwehrmann, es brennt, was sollen wir tun?« Dieser antwortet z.B: »Ihr müsst euch ducken und herüberlaufen«.

- **Das Feuerwehrspiel**
  Die Erzieherin führt folgende Begriffe rund um die Feuerwehr ein und gibt Bewegungen vor, die die Kinder dazu machen wenn sie

dieses Wort ruft. (Feuerwehrschlauch: Sich rütteln und schütteln; Feuerwehrfahrer: Sich hinhocken, ohne umzukippen, Feuerwehrauto: eine Kette bilden und laufen . . .)

- **Feuer, Wasser, Eis**
  Die Erzieherin bereitet den Raum vor, indem Sportgeräte wie Pferd, Böcke und Matten aufgebaut werden. Die Kinder verteilen sich gleichmäßig im Raum. Bei »Feuer« legen die Kinder sich auf den Boden, bei »Wasser« müssen sie so schnell wie möglich auf ein Gerät, damit das Wasser sie nicht erreicht, bei »Eis« verharren sie in der Position, in der sie sich gerade befinden. Zwischen den Anweisungen bewegen sie sich frei im Raum. Variation: Bewegungen wie bei dem Feuerwehrspiel einüben.
- **Fingerspiel von den fünf Kindern**
  Es waren einmal fünf Kinder
  (die Finger einer Hand bewegen).
  Die machten einen Spaziergang
  (die Finger über ein Bein spazieren lassen).
  Da sahen sie ein großes Feuer
  (mit beiden Armen einen großen Kreis in die Luft zeichnen)
  und erschraken sehr
  (eine Hand vor den Mund legen und »erschrecken«).
  Aber plötzlich kam ein sehr starker Wind
  (alle pusten ganz laut)
  Dann folgte noch Regen, ganz sacht zunächst, dann stärker
  und löschte das Feuer aus (mit den Fingern erst sacht
  und dann stärker auf ein Bein trommeln).
  Erleichtert gingen die Kinder nach Haus
  (jeder mit der Hand über das Bein »spazieren«).
  Und die Geschichte ist aus.

2.4.4 Projekte mit Kindern

Der Begriff »Projekt« wird im sozialpädagogischen Bereich sehr häufig benutzt, da eine Aktion dadurch vermeintlich an Renommee gewinnt. Durch den inflationären Gebrauch verwischen jedoch die Grenzen zu anderen Vorhaben. Es empfiehlt sich daher, nur dann von

Projekten zu sprechen, wenn die wesentlichen Bedingungen von Projektarbeit auch erfüllt werden.

Eine Zusammenstellung von Angeboten zu einer bestimmten Thematik ist noch kein »Projekt«. Bei einem Projekt bringt jemand eine Idee, eine Anregung, einen Aufgabe, eine besondere Stimmung in eine Gruppe ein. Dabei ist es unwichtig, von wem die Projektinitiative ausgeht. Die Inhalte oder Lerngebiete entstammen in der Regel dem Erfahrungsbereich der Projektteilnehmer. Wesentliches Merkmal ist die Offenheit der Ausgangssituation, das heißt, die Lernenden entwickeln ihre Lernsituation selbst, indem ihnen die Möglichkeit gegeben wird, selbstständig zu entscheiden, zu planen und zu handeln. Scheinbare Nebensachen gehören bei einem Projekt zur Hauptsache: Gespräche, das Beschaffen von Materialien, das Ermitteln von Lernorten, Organisation. Bei längeren Projekten werden regelmäßige Reflexionsphasen eingebaut.

Erst wenn Kinder sich über einen längeren Zeitraum intensiv mit einem Thema beschäftigen und erst wenn der Beteiligungsgrad der Kinder so hoch ist, dass sie Verlauf und Ergebnis tatsächlich bestimmen, kann man von einem gelungenen »Projekt« sprechen.

Mit fünf- und sechsjährigen Kindern ist *projektorientiertes Arbeiten* eher möglich als mit drei- und vierjährigen. Komplexe Abläufe sind für Kindergartenkinder oft nicht überschaubar. Sie sind nur begrenzt in der Lage, sich in Kinderkonferenzen z. B. selbst Arbeitsziele zu setzen, einen Arbeitsrahmen zu vereinbaren, sich in gewissen Abständen gegenseitig zu informieren oder gar auftretende Spannungen und Konflikte aufzuspüren, um sie zu lösen. Mit Kindern z. B. gemeinsam ein Sommerfest zu planen setzt viele Anregungen durch die Erzieherin voraus.

Neugier ist für Kinder die wichtigste Triebfeder zum Handeln, sie geht jeder Frage voraus. In der Anfangsphase eines Projektes brauchen Kinder Anreize, die neugierig machen: Gegenstände, Bilder, Materialien oder ein Ortswechsel bieten viele Impulse. Alles ist möglich. Es sollte keinerlei Einschränkungen geben. Die Erzieherin hält alle Ideen der Kinder fest und achtet darauf, dass sie nicht durch die Gruppe vorzeitig bewertet werden. Die Gruppe sollte in einem nächsten Schritt zu einer gemeinsamen Entscheidung kommen, welche Idee weiterverfolgt werden sollte.

Didaktik der Bildungsarbeit im Kindergarten **117**

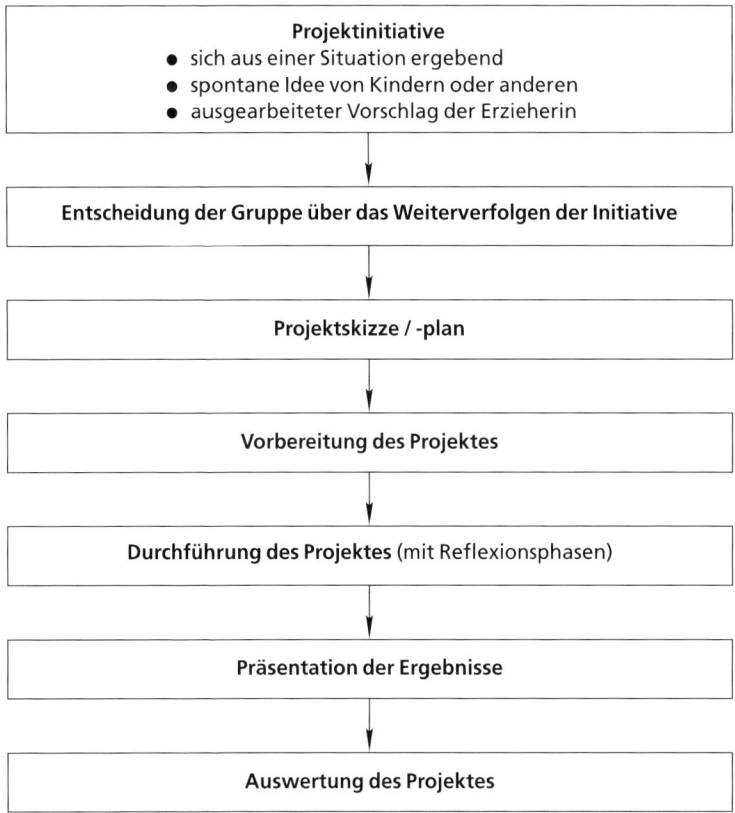

Abb. 9: Verlauf eines Projektes im Kindergarten nach Textor 1995

Projekte sind oft Höhepunkte im Kindergartenjahr, Projekte sind keine »Eintagsfliegen«. Sie ergänzen und unterstützen die laufende Bildungsarbeit im Kindergarten. Projektarbeit stellt die *Stärken* der Kinder in den Vordergrund. Die Erzieherin muss nicht mehr lange überlegen, wie sie die Kinder begeistern kann. Läuft das Projekt, wird die Aufmerksamkeit durch *intrinsische Motivation* aufrechterhalten. Entdecken Kinder auf dem Kindergartengelände z. B. Schnecken und möchten für diese ein Terrarium bauen, müssen vielfältige Aufgaben gelöst werden: Die Kinder müssen herausfinden, was Schnecken fressen, wie sie leben, welche Voraussetzungen für eine artgerechte Unterbringung erfüllt sein müssen usw. Es wird gemeinsam entschieden und es erfolgt eine Aufgabenteilung. Der Arbeitsaufwand sollte realistisch sein und der Rahmen des Projektes überschaubar bleiben.

Viele Praxisprojekte haben die Erkundung des Nahraumes oder die Begegnung mit Ausschnitten aus der Erwachsenenwelt zum Thema. Biotope werden erforscht, das Leben auf einem Bauernhof wird erkundet oder die Kinder begeben sich auf die Spuren der Vergangenheit, indem Sie ihre Großeltern zu deren Leben befragen. Projekte bieten viele Ansätze, Eltern und andere Erwachsene einzubeziehen.

Krisen gehören zum Projektverlauf, ihre Überwindung setzt wichtige Gruppenprozesse in Gang. Wird das Projekt nicht mehr von den Kindern getragen, sondern nur noch von der Erzieherin, ist es ratsam das Projekt rechtzeitig abzubrechen.

Auch wenn die Kinder produktorientiert denken und handeln und sich anscheinend ganz auf die Herstellung eines Gegenstandes einlassen, ist ihre Grundhaltung prozessorientiert. Wichtiger als die Baumhütte selbst ist der Vorgang des Bauens. Die Erzieherin begleitet den Gruppenprozess, erinnert an anfängliche Absprachen und organisiert gemeinsame Besprechungen. Sie nimmt die Arbeit und die Produkte der Kinder ernst und unterstützt sie bei der Verwirklichung ihrer Ideen und Träume. Buddeln Kinder im Sand nach verborgenen Dingen, kann die Erzieherin eine *storyline* daraus entwickeln, die die Ausgrabung von Schätzen aus dem alten Ägypten zum Inhalt hat. Sie unterstützt die Identifikation der Kinder mit der Rolle eines »Forschers« und erweitert deren Handlungsfeld. Die Story begleitet die Kinder an jedem Tag. In den einzelnen Kapiteln werden den Kindern einfache Rollen angeboten, die sie im Spiel ausgestalten können. Die Erzieherin muss über ein großes Repertoire an Methoden verfügen, um flexibel auf die Wünsche der Kinder eingehen zu können. Es gilt das Prinzip der »Planung auf Vorrat«. Sie leistet Hilfestellungen bei Vorplanungen, Werkzeuggebrauch und organisatorischen Fragen und muntert die Kinder in Phasen des »Durchhängens« auf.

Die Auswertung gehört zum Projekt und gibt den Kindern Anregungen, die gemeinsame Arbeit stolz und kritisch zu betrachten.

Zusammenfassung

> Schriftliche Ausarbeitungen bilden eine wichtige Grundlage für pädagogisch begründetes Handeln. *Einzelaktivitäten* beschreiben strukturierte Lernsituationen von ca. 20–30 Minuten Dauer. Thematisch zusammengehörende Einzelaktivitäten werden zu *Lerneinheiten* zusammengefaßt. Offene Ausgangssituationen bieten die Möglichkeit *projektorientiert* zu arbeiten.

2.5 Organisation und Kooperation

Eine Erzieherin berücksichtigt bei ihrer Arbeit eine Vielzahl von Faktoren. Oft ist das »Drumherum« eine größere Herausforderung als die Planung von Aktivitäten.

Unterschiedliche Organisationsformen bestimmen bei der Bildungsarbeit u.a. den Umgang mit *Zeit, Raum* und *Gruppe.* Die Erzieherin klärt bei der Planung von Angeboten, welche Räume zur Verfügung stehen, wie der Raum gestaltet werden soll, welche zeitliche Einteilung erforderlich ist, ob die Zusammensetzung der Gruppe festgelegt oder ob sie offen gehalten werden soll.

Sie trifft Absprachen im *Team* und *kooperiert* mit *Eltern* und anderen Personen aus dem *Gemeinwesen.* Durch Kooperation und Organisation werden die Bedingungen für die Bildungsarbeit optimiert.

2.5.1 Zeitplanung

Die *Vorbereitung* der Bildungsarbeit verlangt die *Organisation von Zeit.* Didaktische Planung ist nicht nur auf gezielte Aktivitäten ausgerichtet, sondern umfasst alle Abschnitte des *Tagesablaufes*: Die klassische Aufteilung des Vormittags in Freispielphase und Angebotsphase wird weiter ausdifferenziert: Persönliche Begrüßung, erste Orientierung, freies Spiel, Essenszeiten, Angebote für Teil- oder Gesamtgruppen am Vor- und Nachmittag und ritualisierte Übergänge führen zu einer *rhythmischen Zeitstruktur*, die den Kindern Verlässlichkeit und Orientierung bietet.

Kindergartenarbeit erfordert aber auch *zeitliche Flexibilität*. Allzu feste, einengende Zeitraster sollten vermieden werden. Die Fähigkeit der Kinder Gegenwart zeitvergessen zu erleben, kann auch Erwachsenen wichtige Impulse geben, sich aus einer immer stärker beschleunigenden Gegenwart zu lösen.

Die veränderten organisatorischen Bedingungen, unter denen Erzieherinnen heute arbeiten, machen eine Zeitstruktur notwendig, die es ihnen erlaubt, mit den eigenen Kräften sinnvoll zu haushalten. Die *Arbeit mit der Gesamtgruppe* sollte daher nur einen geringen Anteil des Tages ausmachen. Bei Öffnungszeiten z. B. von 7 bis 16 Uhr ist die Gesamtgruppe häufig nur zu den Kernzeiten zwischen 10 und 12 Uhr vollständig anwesend. Der Schwerpunkt der Bildungsarbeit muss schon aus diesen Grunde auf der Arbeit mit Teilgruppen liegen. Zudem können didaktisch aufbereitete Inhalte und spezifische Methoden besser auf altersgemischte Teilgruppen als auf die Großgruppe abgestimmt werden.

Die geplanten Aktivitäten werden von den Kindern nicht als Unterbrechung empfunden, wenn sie sich organisch in das freie Spiel einfügen. Aktivitäten können als Freispielangebot geplant werden oder im Tagesablauf nach einer Freispielphase oder einer Mahlzeit stattfinden.

Bei der Planung ist zu berücksichtigen, dass Einzelaktivitäten eine *Zeitdauer* von etwa 20–30 Minuten nicht überschreiten. Haben die Kinder während dieses Zeitraumes wenig Möglichkeiten, selbst initiativ zu werden, verkürzt sich die Zeit noch. Aktivitäten, die nur wenige Phasen mit vorgegebenen Handlungsmustern enthalten, können dagegen auch länger dauern. Im Bereich Bewegungserziehung oder bei einer gestalterischen Übung gibt es oft längere Phasen, in denen die Kinder spontan und frei agieren können. Das Alter der Kinder (z. B. der Anteil der 3- bis 4-Jährigen oder der 5- bis 6-Jährigen) und das individuelle Lerntempo des einzelnes Kindes müssen bei der Festlegung des Zeitrahmens beachtet werden.

2.5.2 Gestaltung der Räume

Die Planung der Bildungsarbeit im Kindergarten erfordert eine vielfältige Nutzung von Raum. Jedes Projekt, jedes Vorhaben verändert sichtbar den Raum der Kinder. Eine bewusste Schwerpunktsetzung durch die Erzieherinnen ist zweckmäßig und sinnvoll. Der Raum, in dem eine Erzieherin mit besonderen kunsterzieherischen Qualitäten wirkt, darf ganz anders aussehen als der Raum einer besonders musikalischen Erzieherin.

Bildungsarbeit wird erleichtert durch die Schaffung *dezentraler* Raumstrukturen. Kindgerechte Räume bieten einen Wechsel von Ruhe und Bewegung, von Klein- und Großgruppe, von Geborgenheit und Unabhängigkeit.

Welche Räume brauchen Kinder?

Viele Kindergärten verfügen leider nicht über eine großzügige räumliche Ausstattung. Der gesetzlich vorgeschriebene Raumbedarf wird von den Bundesländern durch Gesetze, Erlasse oder Verordnungen unterschiedlich geregelt. Als Berechnungsgrundlage für *Gruppenräume* werden 1,5–2,5 qm pro Kind als ausreichend erachtet.

Nicht in allen Bundesländern sind zusätzlich zum Gruppenraum *Ausweich- oder Intensivräume* vorgeschrieben, in denen die für die Bildungsarbeit wichtigen Aktivitäten mit Teilgruppen stattfinden können. Verfügt eine große Gruppe über keinen zusätzlichen Raum, ist Binnendifferenzierung nur unter erschwerten Bedingungen möglich. *Teile des Gruppenraumes* müssen parallel zur laufenden Gruppenarbeit besonders vorbereitet werden, um Aktivitäten angemessen durchführen zu können.

Zusätzliche Rückzugsmöglichkeiten können durch die Einrichtung des Gruppenraumes oder durch pädagogische Maßnahmen geschaffen werden: Viele Kindergärten lösen sich aufgrund ungünstiger räumlicher Bedingungen von einer starren Raumaufteilung und verändern die Gruppenräume: Bewegliche Möbel werden als Raumteiler genutzt, Polster, Stellwände, Vorhänge, usw. führen zu einer differenzierten Gestaltung des Gruppenraumes. Flure und Gänge werden nicht in erster Linie als »Verkehrsfläche« gesehen, sondern als Teil der Lebenswelt der Kinder, in der sie selbsttätig und produktiv tätig werden können. Treppen, Erhöhungen, Mulden, Waschräume, Garderoben werden in die pädagogische Arbeit einbezogen.

Bei der *Neuplanung* von Kindertagesstätten werden Räume mit Einheitsgröße kaum dem Anspruch gerecht, sowohl für Großgruppen als auch für die vielen verschiedenen Tätigkeiten und Aktionsformen von Kleingruppen passend zu sein. Der herkömmliche Gruppenraum setzt vielen Aktivitäten enge Grenzen.

Alternative Konzepte wie in Reggio-Emilia/Italien zeigen, dass z. B. auch eine »Piazza«, ein großer Aufenthaltsraum, als Sammel- und Treffpunkt für größere Gruppen dienen kann. Er wird nie von allen Kindern gleichzeitig, sondern abwechselnd genutzt, manchmal treffen sich mehrere Gruppen zur gleichen Zeit. Der zentrale Raum gewährt viel Spielraum, ermöglicht durch Podeste in verschiedenen Höhen, durch variable Gegenstände und Kästen aber auch Unterteilungen in kleine Räume, Nischen, Höhlen sowie Klettergelegenheiten.

Veränderte architektonische Bedingungen könnten es langfristig erleichtern, stärker auf Konzeptionen zu setzen, bei denen »Stammgruppenräume« für *kleinere* Kerngruppen im Mittelpunkt stehen. Solche Kleingruppenräume könnten als Wohnraum, Rückzugs- und Begegnungsraum mit Privatcharakter für feste Gruppen gestaltet werden, während für alle anderen Aktivitäten halböffentliche Übergangsräume und öffentliche Gemeinschaftsräume vorzusehen wären.

Ecken oder Bewegungsräume?

Wer im privaten Raum Kinder im freien Spiel beobachtet, gewinnt schnell die Einsicht, dass Kinder nicht das Überschaubare, Geordnete, sondern das Geheimnisvolle, Verwinkelte lieben. Mit Vorliebe suchen sie von Erwachsenen nicht einsehbare Nebenräume wie Schuppen oder Dachböden auf, um sich Höhlen zu bauen, um Gebiete selbst mit Phantasie und Kreativität zu gestalten und immer wieder neu aufzubauen. Dass dieses Bedürfnis nicht unbedingt den Vorstellungen der Erwachsenen in Räumen institutionalisierter Erziehung entspricht, verdeutlichen die vielen Kindergärten, in denen große Glasflächen eine wesentliche gestalterische Rolle spielen. Der Wunsch der Kinder, durch *Abgeschlossenheit* Schutz und Geborgenheit zu erfahren, steht in Widerspruch zu dem Wunsch der Erwachsenen nach Überschaubarkeit und *Transparenz*. Nicht selten werden große Glasflächen im Nachhinein wieder verhängt, bemalt oder mit Rollos versehen.

Bildungsarbeit im Kindergarten wird traditionell durch die Aufteilung des Gruppenraumes in *Ecken* geprägt. Die Kinder entwickeln Vorlieben für bestimmte Ecken, beschäftigen sich immer wieder in der Rollenspielecke mit der Verkleidungskiste, in der Bücherecke oder am Maltisch, bevor sie sich einem neuen Bereich zuwenden. Die Erzieherin nutzt das Bedürfnis der Kinder nach Abgeschiedenheit und bietet ein breites Spektrum an Rückzugsmöglichkeiten an: Schminkecke, Werkecke, Frühstücksecke, Kochecke, Experimentierecke, Webecke, Terrarium konkurrieren mit der klassischen Bau- und Puppenecke. *Neue Themen* erfordern weiteren Platz im Gruppenraum, damit die gewählten Inhalte in das Freispiel hineinwirken können. Die Einrichtung zusätzlicher Nischen scheitert jedoch immer wieder am knapp bemessenen Platz. Der Einzug moderner Technik (falls gewünscht) erfordert ebenso Raum wie Impulssetzungen durch die Einrichtung eines Malateliers mit Staffeleien oder eines »Musikcenters« mit einem Klavier. Weniger Platz erfordert die Bereitstellung »ungewöhnlicher« Materialien (z. B. ausgeschlachtete technische Geräte, Lämpchen, mechanisches oder optisches Lehrwerkzeug).

Die Möglichkeiten zusätzliche Anregungen zu bieten sind sehr vielfältig, jedoch bringt jede neue »Ecke« weitere Einschränkungen des *Bewegungsraumes* mit sich. Aktivitäten, die Bewegung oder erhöhte Lautstärke hervorrufen, sind nicht möglich ohne andere zu stören. Dabei werden viele Entwicklungs- und Verhaltensauffälligkeiten der Kinder von Experten als Anzeichen dafür gesehen, dass der Lebensalltag den Kindern zu wenig Raum lässt für die Erfüllung ihrer *körperlich-sinnlichen Bedürfnisse*. Gerade zu Beginn der Kindergartenzeit mit etwa 3 Jahren braucht das Kind den Bewegungssinn ansprechende Maßnahmen.

Manche Teams erhoffen sich vor dem Hintergrund solcher Überlegungen durch konzeptionelle Umstellungen erweiterte Bewegungs- und Aktionsmöglichkeiten für die Kinder. Traditionelle Gruppenräume werden zu *Funktionsräumen*, die von allen Kindern genutzt werden können. Der Mal- und Bastelstisch wird z. B. erweitert zur »Ideenstube«, der Bauteppich zur »Baustelle« und die Puppenecke wird zur »Villa Kunterbunt«. Die funktional eindeutige Zuordnung einzelner Räume zu bestimmten Einzeltätigkeiten wie essen, schlafen oder bauen entspricht jedoch eher dem kategorisierenden Denken des Erwachsenen und weniger dem vielfältigen Spiel der Kinder. Auch Funktionsräume müssen differenziert ausgestaltet werden und sehr vielfältige Spielmöglichkeiten bieten, um für Kinder attraktiv zu sein.

Draußen spielen!

Das *Außengelände* bietet Kindern bei jedem Wetter Bewegungsmöglichkeiten und wird meistens täglich genutzt. Nach den Vorstellungen Fröbels sollten im Volkskindergarten Beete für Gemüse und Blumen bearbeitet und Getreide angebaut werden. Auch Ställe für Kleinvieh waren vorgesehen. Um die Kinder in das Natur- und Weltganze einzuführen, sollten das Reich der Elemente (Wasser, Wind, Licht . . .), das Reich der toten Natur (Kristalle, Steine . . .), das Reich der Pflanzenwelt, das Reich der Tiere und das der Menschen wiederzufinden sein.

Für die Bildungsarbeit ergeben sich viele Ansatzpunkte, wenn es nicht allein die Aufgabe des Gartenamtes oder einer Fachfirma ist, die Gestaltung des Außengeländes vorzunehmen, sondern wenn Erzieherinnen mit Kindern und Eltern gemeinsam z. B. Stauden setzen und später auch die Pflege übernehmen. Ein Pflanzbeet ist nur dann wichtig für Kinder, wenn sie unter Anleitung der Erzieherin einen eigenen Beitrag dazu leisten können.

Bei der Gestaltung des Außengeländes sollte ebenso wie im Innenbereich keine eindimensionale Funktionsbestimmung erfolgen. Wenn Außenräume offene, *nicht festgelegte Strukturen* anbieten, unterstützen sie Entfaltung, Kreativität und Selbstbestimmung. Kinder wollen bestimmte Orte in Beschlag nehmen, sie besetzen, sich und das Territorium abgrenzen, es umnutzen und ständig materielle Veränderungen vornehmen. Auch Zufälliges und Provisorisches muss daher zum Außenbereich eines Kindergartens gehören.

Ein *naturnah* gestaltetes Außengelände lässt eine Form der Bildungsarbeit zu, bei der die Erzieherin von offenen Situationen ausgehen und die Phänomene in der Natur selbst zum Mittelpunkt der Arbeit machen kann. Sich der Laubfärbung im Herbst, dem Laubfall, der Laubstreu, der Humusbildung zu widmen, heißt, von den Wahrnehmungen und Sinneseindrücken der Kinder auszugehen, die Wahrnehmungen zur Aufmerksamkeit weiterzuführen, sie z. B. Farben und Formen sehen zu lehren. Das Empfinden der Kinder steht im Zentrum, es bedarf der Unterstützung durch die Erzieherin, dieses Empfinden wahrzunehmen und zu vertiefen.

2.5.3 Struktur der Gruppen

Bei der *Organisation von Gruppen* für die Bildungsarbeit berücksichtigt die Erzieherin nicht nur die Größe, sondern besonders die unterschiedliche *Qualität der Gruppen*: Sie beachtet bei der Gruppeneinteilung die interpersonellen Beziehungen der Gruppenmitglieder, den Grad der Formalität der Gruppe, die Art der Beziehung des einzelnen Kindes zur Gruppe.

Merkmale der Kindergartengruppe

In der *Gruppensoziologie* gilt die Kindergartengruppe als *Sekundärgruppe*, da es sich in der Regel um relativ große Gruppen von 20 bis 25 Kindern handelt. Die Kinder kennen sich zwar persönlich, beeinflussen sich gegenseitig aber nicht so stark wie in der *Primärgruppe* Familie. Es ist eine *formelle* Gruppe, da sie von einer Erzieherin geleitet wird und von außen festgesetzte Ziele sowie Regeln und Normen vorhanden sind.

Innerhalb der Gruppe bilden sich *informelle Gruppen* von Kindern, die gemeinsam spielen oder die sich auch außerhalb des Kindergartens treffen. Freie Spielgruppen jüngerer Kinder können als *Vorformen sozialer Gruppen* betrachtet werden, da sie sich spontan, nicht geplant zusammenschließen. Ihr Gruppenleben besitzt keinen besonders festgelegten und genau umrissenen Rahmen. Spielgruppen jüngerer Kinder gelten als labil, ihr Zustandekommen unterliegt einer gewissen Wahllosigkeit. Das Handeln der Kinder wird stärker durch nachahmendes Verhalten geprägt, die Fähigkeit differenziertere individuelle Rollen im Spiel zu übernehmen entwickelt sich erst allmählich. Informelle Spielgruppen zerfallen oft wieder, sobald der sie tragende Handlungs- oder Gegenstandsreiz zu Ende ist.

Eine *entwickelte soziale Gruppe* dagegen wird gekennzeichnet durch eine feste Anzahl von Personen mit gemeinsamen Interessen, die aufeinander einwirken, Zusammengehörigkeitsgefühl besitzen und an gemeinsamen Tätigkeiten teilnehmen. Wie weit eine Kindergartengruppe mit noch nicht weit vorangeschrittenen sozialen Fähigkeiten kommt, hängt sehr von der Unterstützung durch die Gruppenleitung ab.

Die *Zusammensetzung, Dauer oder optimale Größe* von Gruppen im Kindergarten ist bisher kein Forschungsschwerpunkt in der Pädagogik. Kaum erfasst worden sind Prozesse, Gesetzmäßigkeiten und Qualitäten von Beziehungen in sich spontan bildenden Freispielgruppen und in themen- oder zielgebundenen Gruppen.

In der praktischen Bildungsarbeit lassen sich *Großgruppen, Stammgruppen, offene Gruppen, Projekt- oder Interessensgruppen* und *Freispielgruppierungen* voneinander unterscheiden. Die Kinder erleben die genannten Gruppenformen in sehr unterschiedlicher Weise und die Erzieherin sollte in ihrer Arbeit die Vielfalt der Gruppenbildung bewusst für die Organisation von Bildungsprozessen nutzen.

Wie viel Gruppe braucht das Kind?

Organisationsstruktur, Personalbemessung, Raumgestaltung, Zuordnung der Kinder und der Einsatz der Erzieherinnen sind bisher an Großgruppen orientiert. Die Einteilung der Kinder in große Gruppen ist politisch und formal-organisatorisch begründet, nicht pädagogisch. Die Schulklasse ist kein geeigneter Vergleichsmaßstab für die Gruppenstärke im Kindergarten, da im Vergleich zur Schule im Kindergarten die autonomen Lern- und Spielprozesse eine wichtigere Rolle spielen. Kinder bilden von sich aus, um ihre Spielbedürfnisse zu befriedigen, kleine Gruppen. Sie finden sich zu Paaren zusammen, häufig bilden sich Gruppen von drei bis sechs Kindern.

Die Arbeit mit der Großgruppe kann zwar als wichtige Vorbereitung auf die spätere schulische Sozialisation gesehen werden, optimale Bedingungen zur Förderung von Bildungsprozessen bietet sie nicht. Viele Kinder verringern für das einzelne Kind die Chance, die Gruppe als Gruppe zu erleben und sich mit eigenen Ideen einzubringen. Das Hauptaugenmerk sollte in der Bildungsarbeit daher auf die Arbeit mit *Klein- und Teilgruppen* gerichtet werden, in denen sich die Kinder auch von sich aus den weitaus größten Teil des Tages bewegen.

Bei der Entwicklung einer Vorstellung von einer *optimalen Gruppengröße* kann man auf Erfahrungen zurückgreifen, die in anderen Ländern gemacht wurden: In Schweden werden zum Beispiel Gruppen von 15 Kindern und ein Personalschlüssel von einer Fachkraft auf fünf Kinder als notwendige Voraussetzung gesehen, um stabile Beziehungen aufzubauen und demokratische Einstellungen und Verhaltensweisen bei den Kindern zu fördern. Nimmt die Gruppengröße und Gruppendichte zu, muss damit gerechnet werden, dass auch die eingesetzten Erziehungsmaßnahmen, insbesondere die repressiven, häufiger werden.

Bildungsarbeit mit offenen Gruppen

In vielen Einrichtungen gibt es Ansätze, die Gruppenbildung neu zu organisieren, die *Sozialformen*, in denen gearbeitet wird, ändern sich. Die starre Zuordnung zu festen bzw. geschlossenen Gruppen, d. h. die feste Zuordnung von Gruppe und Raum wird ersetzt durch eine Arbeit mit flexiblen Gruppierungen. Das Spektrum reicht von einer Öffnung der Gruppentüren bis hin zu einer gemeinsamen Nutzung des ganzen Kindergartens während des gesamten Kindergartentages. Die Gruppen werden *geöffnet.*

Eine strukturell besonders tiefgreifende Veränderung besteht darin, die Stammgruppen zugunsten von *offenen Gruppen* ganz aufzulösen und die üblichen Raumstrukturen in Funktionsbereiche umzuwandeln. In solchen offenen Gruppen machen Kinder andere Formen von Gruppenerfahrungen: Der morgendliche Treffpunkt oder die Kinderkonferenz im »offenen Kindergarten« ersetzen den Stuhlkreis in der Stammgruppe. Auch hier werden Dinge besprochen, die alle angehen. Es werden Vorüberlegungen für gemeinsame Aktivitäten, z. B. für ein Fest, angestellt. Ein »Wir-Gefühl« entwickelt sich eher auf das ganze Haus, nicht auf eine feste Gruppe hin.

Auch der offene Kindergarten benötigt *gelenkte Gruppen* als eine notwendige Ergänzung und ein wichtiges Korrektiv zu den spontanen und zufällig gebildeten Gruppierungen. Damit eine bewusst gesteuerte Sozialerziehung stattfinden kann, z. B. um positive Strategien der Konfliktbewältigung zu vermitteln, müssen Teilgruppen gebildet werden, die auch mittel- und längerfristig Bestand haben. Eine Gruppe, die immer wieder neue Mitglieder aufnimmt, beginnt auch in ihrem Gruppenprozess immer wieder von vorne.

Im offenen Kindergarten sollte daher langfristig nach Formen gesucht werden, die eine kontinuierliche Arbeit in kleineren, überschaubaren Gruppen zulassen. Denkbar sind themengebundene Projektgruppen, die sich in verlässlicher Zusammensetzung mit einer Sache oder einer Aufgabe befassen. Eine Gruppe, die sich z. B. längere Zeit mit dem Thema »Wald« befasst, kann sich eventuell auch regelmäßig dort aufhalten und grundlegende Erfahrungen in der Natur und in der Gruppe machen. Eine Alternative zur traditionellen Stammgruppe können auch Basisgruppen mit einer geringeren Anzahl an Kindern sein, die im Tagesablauf regelmäßig zusammentreffen und an eine Erzieherin gebunden sind.

2.5.4 Absprachen im Team

Flexible Gruppenstrukturen und eine *kontinuierliche inhaltliche Arbeit* erfordern einen intensiven Austausch zwischen den Erzieherinnen. Bei kurzen Projekten oder bei längerfristig angelegten Themen muss die Arbeit mit einzelnen Kindern und mit Teilgruppen abgestimmt werden. Je mehr Personen in Entscheidungsprozesse einbezogen werden, desto komplexer werden die Abläufe. Es ergeben sich vielfältige Kontakte, die Verantwortlichkeit der einzelnen Erzieherin für das Ganze erhöht sich.

Genaue *Absprachen* sind bei Projekten notwendig, die mehrere Aufsichtspersonen erfordern. Uneindeutigkeiten und Konflikte können durch klar definierte Verantwortlichkeiten, Befugnisse und stringente *Kommunikation* vermieden werden. Gemeinsame Arbeit fördert die Kontakte und damit häufig auch die Arbeitszufriedenheit. Eine *Supervision* von außen kann das Team darin unterstützen, eine hohe Akzeptanz der Unterschiedlichkeit von Persönlichkeiten zu erreichen.

Gemeinsame Zielsetzungen und Bewertungen der Bildungsarbeit bedeuten ein Stück Selbstbestimmung, wenn sie nicht von außen an das Team herangetragen, sondern in einem kontinuierlichen Prozess gemeinsam entwickelt werden. Eine fundierte *Konzeptionsentwicklung* wird in der Regel an den persönlichen Meinungen der Teammitglieder ansetzen. Notwendig ist eine Bestandsanalyse und eine Offenlegung des Hintergrundes, das heißt eine Auseinandersetzung mit Grundsätzen und Leitbildern, aus denen nicht ein für allemal linear ein Konzept abgeleitet wird, sondern aus denen die vorläufige Grundlage für ein Profil gebildet wird. Die Formulierung von Arbeitsprinzipien, Zielvorstellungen und Maßnahmen lassen so ein Bild von der konkreten Bildungsarbeit entstehen. Inhaltliche Schwerpunkte und Rahmenbedingungen der Arbeit sollten deutlich herausgearbeitet werden.

2.5.5 Zusammenarbeit mit Eltern

Die grundsätzliche Notwendigkeit von Elternarbeit wird von allen Erzieherinnen im Kindergarten anerkannt. Regelmäßige Kontakte mit den Eltern, bei denen die Eltern über das Leben in der Gruppe und über die Entwicklung des eigenen Kindes informiert werden und bei denen die Erzieherin wichtige Informationen über das Kind erhält, werden als Erleichterung der Bildungsarbeit erlebt.

Schwieriger wird es, wenn Defizite oder Auffälligkeiten der Kinder als Anlass genommen werden, nicht nur die Förderung der Kinder im Kindergarten zu optimieren, sondern über eine erweiterte Elternarbeit auch die Erziehungskompetenz der Eltern zu erhöhen. Traditionelle Formen der Elternarbeit bestehen nicht nur darin, Eltern einzuladen, zu informieren und zu aktivieren, sondern auch darin, Wege zu suchen, wie man sie beraten oder gar fördern kann. Der Bildungsauftrag des Kindergartens wird auf die Eltern ausgedehnt – sie werden ebenso wie ihre Kinder zu Adressaten von Erziehung und Bildung. Eltern, die an einer engen Kooperation mit dem Kindergarten interessiert sind, möchten jedoch ungern als »zu Bearbeitende« gesehen werden. Neuere Konzepte der Elternarbeit betrachten daher Eltern grundsätzlich als *Partner bei der Erziehung* des Kindes.

Die gesetzliche Vorgabe, dass das Leistungsangebot des Kindergartens sich pädagogisch und organisatorisch an den Bedürfnissen der Kinder und ihrer Familien orientieren soll (§ 22 KJHG Abs. 2), betont den Dienstleistungscharakter der Institution Kindergarten. Die *familienunterstützende Aufgabe* des Kindergartens besteht darin, Hilfe für die Entwicklung des einzelnen Kindes anzubieten, kommt aber auch den Wünschen der Eltern nach bestimmten Öffnungszeiten oder Inhalten entgegen. Auf der organisatorischen Ebene sollten die Erzieherinnen daher für ein hohes Maß an Transparenz sorgen.

Bereits beim Eintritt in den Kindergarten, der für das Kind häufig mit Anfangsschwierigkeiten verbunden ist, wird die Basis für einen kontinuierlichen Kontakt zu den Eltern gebildet. Im Laufe eines Kindergartenjahres sollten alle Eltern in einem persönlichen Gespräch über die Entwicklung ihres Kindes informiert werden.

Bildungsarbeit mit Kindern lebt von einer engen Zusammenarbeit mit den Eltern. Die Ideen der Eltern zu einem Thema, ihr Fachwissen über ihre Arbeitswelt oder ihre Freizeitgestaltung können Ausgangspunkte für ein Vorhaben oder für Projekte sein. Die Hilfe der Eltern sollte sich nicht darauf beschränken, zusätzliche Begleitpersonen bei Exkursionen zu sein, sie sollte auch bei der inhaltlichen Arbeit in Anspruch genommen werden.

Das klassische methodische Repertoire aus Aufnahmegesprächen, Einzelgesprächen, Bastelabenden, Gruppenabenden, Informationsveranstaltungen, Spielnachmittagen, Hausbesuchen, Planungsrunden, Elternbriefen und Aushängen kann sinnvoll ergänzt werden durch Formen, die den Eltern eine *aktive Teilnahme am pädagogischen Geschehen* in der Einrichtung einräumen. Eltern erfahren dabei Grenzen und Möglichkeiten der Umsetzung pädagogischer Vorstellungen in konkreten Situationen. Sie erleben die Kinder im Umgang mit Bilderbüchern, mit Lernspielen, beim gemeinsamen Kochen oder im freien Spiel. Die Teilnahme der Eltern am Kindergartentag setzt klare vorherige Absprachen voraus. Aktives Mitspielen und die Übernahme kleinerer Aufgaben können die Arbeit der Erzieherinnen erleichtern, ohne deren Rolle in Frage zu stellen. Die Verantwortung für die Angebote und für die Gruppenführung bleibt selbstverständlich bei der Erzieherin.

Aus den regelmäßigen Kontakten zwischen Eltern und Erzieherinnen und der Eltern untereinander können Arbeitsgemeinschaften zu bestimmten Fragestellungen (z. B. zu Ernährung, Umwelterziehung, Fernsehen, gewaltfreie Erziehung, Grenzen setzen, religiöse Erziehung) oder Elterngruppen entstehen, die sich mit dem Ziel gegenseitiger Hilfestellung zusammenfinden. Es sollte Raum geben für Eltern-Kind-Gruppen, Tagesmütter-Treffs, oder auch für die Vermittlung von Second-Hand-Kinderkleidung oder von Babysittern. Der von den Erzieherinnen arrangierte Kontakt ist für manche Eltern attraktiver als die Einladung von Experten zu themenbezogenen Elternabenden.

Regelmäßige Elterntreffs für die neuen Kindergarteneltern, Eltern-Kind-Nachmittage oder kleinere Projektgruppen können zu einer besonderen Form der Öffentlichkeitsarbeit werden und die Eltern zur Mitarbeit in den Kindergartengruppen motivieren. Sie unterstreichen die Öffnung des Kindergartens in Richtung Gemeinwesen.

2.5.6 Nachbarschaftskultur

Kinder wachsen in Deutschland immer häufiger vereinzelt auf. Über die Hälfte der Bevölkerung in der Bundesrepublik erzieht kein oder nur ein Kind, nur jedes fünfte hat die Möglichkeit, mit Geschwistern Erfahrungen zu sammeln. Kinder laufen heute verstärkt Gefahr, Scheidungskinder zu werden, in der Stadt und auf dem Lande gehen traditionelle Erfahrungsräume für Kinder verloren, öffentlicher Raum wird als Spielraum für Kinder entwertet. Die hier angerissenen Tendenzen sind Teil eines gesellschaftlichen Umbruches, der weitgehende Auswirkungen auf alle gesellschaftliche Institutionen hat. Vor dem Hintergrund *wirtschaftlicher, sozialer und kultureller Wandlungsprozesse* wird den öffentlichen Dienstleistungsbetrieben von der Gesellschaft die Aufgabe zugewiesen, die beschriebenen Entwicklungen abzufedern oder gar zu korrigieren.

Öffnung gegenüber dem Gemeinwesen

Auch der Kindergarten ist aus diesem Grunde in den letzten Jahren immer stärker in den Brennpunkt des öffentlichen Interesses geraten: Kaum eine Familie kommt heute ohne externe Unterstützung in der Kinderbetreuung aus, die Erzieherinnen werden in der Gemeinde oder im Stadtteil mit dem Anspruch konfrontiert, verinselte und isolierte Lebensräume aufzubrechen. Verloren gegangener Lebensraum für Kinder soll durch die *Öffnung der Institution Kindergarten nach außen* ein Stück weit zurückgewonnen werden. Nach den Vorstellungen vieler Experten soll der Kindergarten ein regional geprägtes Gesicht bekommen und so in seine Wohnumwelt eingefügt werden, dass Bezüge zu den Eltern, zur Nachbarschaft, zu wichtigen Orten und Personen in der Umgebung geschaffen werden.

Das Bild vom Kindergarten als einer pädagogischen Nische, die den Kindern vor allem einen Schonraum bieten soll, um sie vor den Gefahren des Lebens der Erwachsenen zu schützen, weicht mehr und mehr der Vorstellung von einer vielschichtigen Einrichtung, die tragendes Element einer demokratischen Nachbarschaftskultur sein soll. »*Offenheit«, »Gemeinwesenorientierung« und »Vernetzung«* sind die modernen Vokabeln, in denen diese Vorstellungen zum Ausdruck kommen.

Die veränderte Sichtweise hat *Auswirkungen auf die* von den Erzieherinnen geleistete *Bildungsarbeit*, da Inhalte und Ziele der Arbeit durch diese Prozesse stark beeinflusst werden. In der Praxis führt das Bemühen um Öffnung zu unterschiedlichen Vorgehensweisen der Erzieherinnen: Die Spannbreite reicht vom gemeinsamen Einkauf beim Bäcker um die Ecke bis hin zum Einmischen in die Kommunal- oder Sozialpolitik, z. B. durch die Einrichtung neuer Interessensvertretungen für die Kinder. Die Palette an Möglichkeiten ist sehr vielfältig:

- Erkunden der näheren Umgebung (z. B. gemeinsames Einkaufen im Gemüseladen, Ausflüge in den Park, zur Kirche . . .)
- Exkursionen (z. B. Besuch des Verkehrskindergartens, ein Tag im Wald, bei der Feuerwehr, im Altersheim . . .)
- Tag der offenen Tür
- Feste und Feiern (z. B. aktive Teilnahme an kirchlichen oder kommunalen Festen, Organisation eines Laternenumzuges . . .)
- Kinderkultur-Veranstaltungen und -Einrichtungen (z. B. Lesungen von Kinderbuch-Autoren oder Kinderlieder-Machern, Puppentheater, Kinderzirkus, Präsentation einer Mediothek mit Kinderbüchern, Fachbüchern, Spielen, Tonkassetten . . .)
- Kooperieren mit anderen Einrichtungen (besonders mit Grundschulen, aber auch mit dem Gesundheitsamt, Vereinen, Musikschulen, Erziehungsberatungsstellen, Logopäden, Ergotherapeuten, Betrieben, politischen Gremien . . .)
- Bereitstellen von Ressourcen (z. B. Außengelände für Kinder aus der Nachbarschaft zugänglich machen, Räume vermieten . . .)
- Kindergarten als Forum (z. B. Diskussionsveranstaltungen, die Eltern oder Fachkolleginnen interessieren . . .)
- Kindergarten als Interessensvertretung in der Kinderpolitik (z. B. Teilnahme an Stadtteilkonferenzen, »runden Tischen«, Sitzungen des Jugendhilfeausschusses, Kontaktaufnahme zur Jugendhilfeplanung . . .)
- Integrationsangebote (z. B. gemeinsame Erziehung mit behinderten Kindern, Aussiedlerkindern, ausländischen Kindern . . .)
- Zusätzliche Angebote für neue Zielgruppen (z. B. Änderung der Altersstruktur der Gruppen, offene Kinderarbeit, Schularbeitenhilfe, Eltern- und Kindgruppen, Gesprächskreise für Alleinerziehende, Organisation von Nachbarschaftskontakten und -hilfen)

Durch erweiterte Angebote für neue Zielgruppen wandelt sich der klassische Kindergarten in Richtung Begegnungsstätte oder Kinderhaus, in dem Kinder verschiedensten Altersgruppen (von 2 Monaten bis zu 14 Jahren) gefördert und unterschiedlichste familienunterstützende Angebote gemacht werden. Eine Einrichtung als Lebensstätte für Kinder und als Begegnungsstätte für Bürger des Wohngebietes kann neue Arbeitsplätze für Erzieherinnen schaffen, bedrohte Arbeitsplätze erhalten und ehrenamtliches Engagement fördern. Sie verändern aber auch die Grundstruktur des Kindergartens.

Bei allen Veränderungen sollte gewährleistet sein, dass die Teams in den Kindergärten, ohne Druck von Trägern, Fachberatungen oder Fortbildnern entscheiden können, inwieweit eine Grenzziehung gegenüber der Umwelt erfolgt und inwieweit sie eine Öffnung nach außen tragen können und wollen. Oft ist weniger mehr. Innovative Ideen entstehen am ehesten unter Rahmenbedingungen, die ein hohes Maß an Eigeninitiative ermöglichen und auch unkonventionelle Lösungen zulassen.

Zusammenfassung

> Zur Bildungsarbeit im Kindergarten gehört, dass die Erzieherin bewusst Bedingungen der Arbeit beeinflusst. Sie *organisiert* und *kooperiert*. Sie schafft verlässliche Fixpunkte im Tagesablauf, plant *Zeitpunkt* und *Zeitdauer* von Aktivitäten, zeigt jedoch auch zeitliche Flexibilität. *Räume* verändern sich durch Vorhaben oder Projekte. Ausweichräume und Räume für kleinere Gruppen sind unverzichtbar. Bei der Raumgestaltung sollte den Bedürfnissen der Kinder nach Rückzug *und* nach Bewegung entsprochen werden. Die Struktur des Außengeländes sollte nicht zu sehr festgelegt sein. Die unterschiedlichen Formen der *Gruppenbildung* können für eine variable Bildungsarbeit genutzt werden. Angeleitete Gruppen sollten ein Mindestmaß an Kontinuität besitzen, um Gruppenprozesse gezielt beeinflussen zu können. Regelmäßige Absprachen im *Team* erleichtern die Arbeit ebenso wie eine partnerschaftliche Zusammenarbeit mit den *Eltern*. Die Öffnung gegenüber dem *Gemeinwesen* bietet neue Herausforderungen, verändert aber auch die Struktur des Kindergartens.

Literatur

Arbeitsstab Forum Bildung (Hrsg.): Empfehlungen des Forum Bildung. Berlin 2002.
Arbeitsgruppe Vorschulerziehung: Anregungen III: Didaktische Einheiten im Kindergarten. München 1976.
Bachmann. R.: Ökologische Außengestaltung in KinderGÄRTEN. Praktisches Handbuch für Neubau und Umgestaltung. Berlin 1994.
Brandt, P./Thiesen, P.: Umwelt spielend entdecken. Weinheim 2001
Brodin, M./Hylander, I.: Wie Kinder kommunizieren. Daniel Sterns Entwicklungspsychologie in Krippe und Kindergarten. Weinheim 2002.
Buddemeier, H.: Von der Keilschrift zum Cyberspace. Der Mensch und seine Medien. Stuttgart 2001.
Burtscher, I.: Mehr Spielraum für Bildung. Kindertagesstätten als Bildungseinrichtungen der Zukunft. München 2000.
Colberg-Schrader, H: Erzieherin – Berufsbild mit neuen Konturen. München 2000.
Deutsches Jugendinstitut (Hrsg.): Orte für Kinder. Auf der Suche nach neuen Wegen in der Kinderbetreuung. München 1994.
Dietrich, T.: Die pädagogische Bewegung »Vom Kinde aus«. Bad Heilbrunn 1973.
Ellermann, W.: Das sozialpädagogische Praktikum. Weinheim 2002.
Elschenbroich, D: Weltwissen der Siebenjährigen. Wie Kinder die Welt entdecken können. München 2001.
Erning, G./Neumann, K. u.a. (Hrsg.): Geschichte des Kindergartens. 2 Bde. Freiburg i.B. 1987.
Furth, H.: Intelligenz und Erkennen. Die Grundlagen der genetischen Erkenntnistheorie Piagets. Frankfurt a. M. 1981.
Frey, K.: Die Projektmethode. Weinheim, Basel 1998.
Huppertz, N.: Erleben und Bilden im Kindergarten. Der lebensbezogene Ansatz als Modell für die Planung der Arbeit. Freiburg, Basel, Wien 1992.
Kazemi-Veisari, E.: Offene Planung im Kindergarten. Ideen und Hilfen. Freiburg, Basel, Wien 1996.
Kegan, R.: Die Entwicklungsstufen des Selbst. Fortschritte und Krisen im menschlichen Leben. München 1994.
Krohn, F.: Grundwissen Didaktik. München 1993.

Laewen, H.-J./B. Andres (Hrsg.): Bildung und Erziehung in der frühen Kindheit. Bausteine zum Bildungsauftrag von Kindertagesstätten. Weinheim 2002.

Laewen, H.-J./B. Andres (Hrsg.): Künstler, Forscher, Konstrukteure. Werkstattbuch zum Bildungsauftrag von Kindertageseinrichtungen. Neuwied 2002.

Lockenvitz, Th.: Kindertagesbetreuung zwischen Situationsorientierung und Bildungsorientierung. Regensburg 1996.

Martin, E.: Didaktik der sozialpädagogischen Arbeit. Eine Einführung in die Probleme und Möglichkeiten. Weinheim und München 1999.

Ministerium für Arbeit, Gesundheit und Soziales (Hrsg.): Arbeitshilfen zur Planung der Arbeit im Kindergarten. Köln 1986.

Pausewang, F.: Ziele suchen – Wege finden. Arbeits- und Lehrbuch für die didaktisch-methodische Auseinandersetzung in sozialpädagogischen Berufen. Berlin 1994.

Rieder-Aigner, H. (Hrsg.): Praxis-Handbuch Kindertageseinrichtungen. Arbeits- und Orientierungshilfe für pädagogische Fachkräfte. Regensburg, Berlin 2000.

Senatsverwaltung für Jugend und Familie (Hrsg.): Hundert Sprachen hat das Kind. Wie Kinder wahrnehmen, denken und gestalten lernen. Berlin 1992.

Schäfer, G.: Bildungsprozesse im Kindesalter. Selbstbildung, Erfahrung und Lernen in der frühen Kindheit. Weinheim und München 1995.

Schilling, J.: Didaktik/Methodik der Sozialpädagogik. Grundlagen und Konzepte. Neuwied 2000.

Schmutzler, H.-J.: Fröbel und Montessori. Zwei geniale Erzieher – was sie unterscheidet, was sie verbindet. Freiburg i. Br. 1991.

Textor, M: Projektarbeit im Kindergarten. Planung, Durchführung, Nachbereitung. Freiburg 1995.

Thiesen, P.: Arbeitsbuch Spiel. Für Kindergarten, Heim und Hort. München, Köln 2004

Thiesen, P.: Beobachten und Beurteilen in Kindergarten, Hort und Heim. Weinheim, Basel, Berlin 2003.

Thiesen, P.: Die gezielte Beschäftigung im Kindergarten. Freiburg i. Br.12 2004.

Unteregger-Mattenberger, J. u.a.: Eigenaktivität im Kindergarten. An der Quelle lauschen. Zürich 1994.

Fthenakis, W./Textor, M.: Pädagogische Ansätze im Kindergarten. Weinheim und Basel 2000.

Weinschenk, R: Didaktik und Methodik für Sozialpädagogen. Bad Heilbrunn 1981.